PROF. DIETRICH GRÖNEMEYER
UND ANJA GRÖNEMEYER

Die Grönemeyer-Formel für gesundes Essen

einfach – günstig – nachhaltig

Inhalt

Ein paar Worte vorab

Steigende Lebensmittelpreise, explodierende Energiekosten: Essen wird ständig teurer! Kein Wunder, dass sich viele fragen, wie sie sich eine gesunde Ernährung überhaupt noch leisten können. Ist täglich frisch zu kochen, und das auch möglichst noch mit Bio-Lebensmitteln, ein Luxus für Besserverdienende? Nein, ist es nicht! Und das können wir euch mit unserer Formel für eine gesunde Ernährung sogar beweisen. Sie steht für gutes Essen, das ihr bezahlen könnt, das ihr unkompliziert zubereiten könnt und dabei sogar noch nachhaltig ist. Damit das für euch eine Gleichung mit null Unbekannten ist, schauen wir uns in diesem Buch zusammen die einzelnen Elemente an und zeigen euch, wie diese in der Summe zu einer Ernährung führen, die gut für uns und unsere Umwelt ist.

Und wie lautet jetzt die gesunde Kochformel? Eigentlich ganz einfach:

günstig x lecker x einfach = gut für Mensch + Umwelt

Heißt: Selbst mit frischen Lebensmitteln kochen spart Geld und ist super nachhaltig. Das, was ihr beim Einkauf von heimischem saisonalem Gemüse und Beeren, von Hülsenfrüchten und Vollkorngetreide spart, könnt ihr in wirklich gute Qualität investieren, sogar in Bio-Qualität. Wenn ihr dann noch Lebensmittelabfälle und teure Fertigprodukte vermeidet, seid ihr auf dem richtigen Weg. Wir haben alle Ernährungsweisen berücksichtigt, vegetarisch, vegan, flexitarisch sowie mit Fleisch und Fisch. Jeder kann die Gerichte an seine Essgewohnheiten anpassen: zum Beispiel Fleisch oder Fisch durch Tofu ersetzen oder auch umgekehrt.

Okay, denkt ihr jetzt vielleicht, aber dauert selbst kochen nicht viel zu lange? Ist es nicht kompliziert? Auch das nicht! Mit den passenden Rezepten bereitet ihr eine frische und leckere Mahlzeit in 10 und maximal in 30 Minuten zu, ohne viel Kochwissen oder teure Geräte. Die mehr als 40 einfachen und günstigen Gerichte in diesem Buch beweisen das. Ihr gewinnt an Lebensqualität, denn Körper, Seele und eure Umwelt profitieren von den guten Inhaltsstoffen und schonenden, tier- und pflanzengerechten Produktionsweisen sowie dem geringen CO_2-Fußabdruck der selbst gekochten Mahlzeiten. Und noch ein Gesundheitsbonus: Frische Lebensmittel haben – vor allem, wenn sie mit Kräutern und Gewürzen veredelt werden – mit ihren wertvollen Inhaltsstoffen ganz nebenbei sogar Heilwirkungen.

Kann man sich von unserem Essen noch mehr wünschen? Wir finden nicht und wünschen euch gute Gesundheit, guten Appetit und so manches Aha-Erlebnis beim Lesen und Kochen.

Eure

Dietrich Grönemeyer
Anja Grönemeyer

Wer selbst kocht, ist klar im Vorteil

Gehört ihr zu den Kochmuffeln, die sich lieber eine Fertigpizza aus der Tiefkühltruhe holen, als Gemüse zu schneiden und ein leckeres Pfannengericht daraus zu machen? Dann ist jetzt der beste Zeitpunkt, Gewohnheiten zu verändern: für eure Gesundheit, fürs Klima und für den Geldbeutel.

Packung aufreißen und irgendwas in die Mikrowelle schieben? Das kann jeder. Das heiße Etwas wird dann meistens schnell nebenher verputzt. Ist das die Art von Essen, die uns guttut, gesund hält und mit allem versorgt, was wir brauchen? Wir sagen Nein. Wer sich selbst an den Herd stellt, braucht dafür natürlich mehr Zeit als für das schnelle Fertigessen, daran ist nicht zu rütteln. Aber diese Zeit ist mit Sicherheit gut investiert! Wie viel leckerer ist doch ein Linsencurry mit Spinat oder ein knusprig überbackener Gemüse-Brotauflauf, ein saftiges Hähnchenschnitzel oder einfach klassisch Nudeln mit Brokkoli-Pesto, die man aus frischen Zutaten selbst gekocht hat! Wenn euch jetzt nicht schon das Wasser im Mund zusammenläuft, seid ihr entweder Diplom-Asketen mit Sternchen oder euch ist einfach nicht mehr zu helfen. Probiert es aus: Der Genuss beim Essen fängt schon in der Küche an. Dafür gibt es einige gute Gründe:

Sparen & die Welt verbessern

Selbst kochen ist nicht nur für die eigene Gesundheit ein riesiges Plus. Es schont auch die Umwelt und kostet weniger. Warum und wie das im Einzelnen funktioniert und wie es sich trotz eines kleinen Budgets umsetzten lässt, werdet ihr in diesem Buch erfahren.

Klassiker aus aller Welt

Außerdem könnt ihr euch Gerichte aus aller Welt auf euren Esstisch zaubern. Egal, ob grünes Thai-Gemüsecurry, Shakshuka oder Kräuter-Tortillas: All das lässt sich leicht selbst machen. Exotische Zutaten braucht man nicht – und kompliziert ist keine Länderküche.

Die wichtigsten Nährstoffe sind dabei

Bekomme ich genügend Vitamine? Welche Lebensmittel enthalten viel Eiweiß, damit ich satt werde, ohne viel Fleisch zu essen? Wie nutze ich die Kraft der sekundären Pflanzenstoffe für meine Gesundheit? Wenn ihr einkauft, wie wir es empfehlen, und unsere Rezepte nutzt, seid ihr automatisch mit vielen wichtigen Nährstoffen versorgt.

Gesundes ohne Zusatzstoffe

Ihr wisst genau, was auf den Teller kommt, wenn ihr selbst kocht. Zusatzstoffe, E-Nummern, Hilfsmittel und Geschmacksverstärker müssen euch nicht interessieren, wenn ihr aus frischen Lebensmitteln selbst etwas zubereitet. Auf diese Weise tut ihr schon viel für eure Gesundheit, denn all diese Stoffe, die zur Vereinfachung der industriellen Herstellung, zur längeren Haltbarkeit oder zur Geschmacksverbesserung eingesetzt werden, sind in den seltensten Fällen gesundheitsförderlich. Im Gegenteil! Vieles ist sogar schädlich.

Frisches rund ums Jahr

Es tun sich ungeahnte Möglichkeiten auf. Euch stehen rund ums Jahr jede Menge frische, natürliche Lebensmittel zur Verfügung. Denn jede Jahreszeit hat ihr eigenes Angebot an Gemüse, Obst und Salaten. Und ja, auch im Winter gibt es tolle saisonale Gemüsesorten zu entdecken. Wer sich ein bisschen informiert oder einfach dieses Buch liest, lernt schnell, wann welches Obst und Gemüse geerntet wird und wie man sich ganz einfach die Jahreszeiten in die Küche holt.

Wenige Zutaten, fertig in 15 bis 30 Minuten

Um richtig leckeres Essen zu machen, braucht man weder viele Zutaten noch dauert es lange, bis eure Wohlfühlgerichte nach einem anstrengenden Arbeitstag auf dem Tisch stehen. Ihr glaubt, wir können dieses Versprechen nicht halten? Dann probiert es aus! Für die meisten Rezepte müsst ihr nicht mehr als fünf Zutaten kaufen, wenn ihr die Basics im Haus habt. Und 15 bis maximal 30 Minuten hat jeder Zeit zum Kochen! Einfach ein bisschen Musik dabei hören, abschalten und sich auf ein wirklich genussvolles Essen freuen.

Esst euch gesund!

Was macht eine Ernährung aus, die uns fit und munter hält? Wer sich auf die Suche nach der ultimativen Antwort begibt, geht schnell im Dschungel der Informationen verloren. Das muss nicht sein. Wir navigieren euch durch das Wirrwarr und sagen, worauf es ankommt. Ganz einfach.

Wenn es um gesundes Essen geht, müsst ihr keinem Modetrend folgen. Heute vegan, morgen Low Carb, übermorgen mal einen Fresstag einlegen mit allem, was das Herz begehrt, und dann nächste Woche alles wieder wegfasten? Glaubt man selbst ernannten Gesundheitsaposteln, klingt jede Form von angeblich gesunder Ernährung erst einmal überzeugend. Die Programme sind aber teilweise widersprüchlich. Kein Wunder, wenn einem der Kopf schwirrt. Wie soll man aus der Informationsflut herausfiltern, was wirklich guttut? Die Wahrheit ist einfach, denn keine extreme Essform kann auf Dauer gesund sein. Unser Körper braucht eine ausgewogene Mischung aller Nährstoffe – und das ist nur mit einer ebenso ausgewogenen Ernährung möglich.

Auf den Teller, wie die Natur es schuf

Fast alle naturbelassenen, möglichst unverarbeiteten Lebensmittel enthalten in der Regel die drei Hauptnährstoffe Kohlenhydrate, Eiweiß und Fett in unterschiedlichen Anteilen. Dazu kommen Mineralstoffe, Spurenelemente und sekundäre Pflanzenstoffe: Natürliche Lebensmittel stecken voller gesunder und lebenswichtiger Substanzen. Wer kohlenhydrat-, eiweiß- und fettreiche natürliche Lebensmittel kombiniert, kommt so auf ein ausgewogenes Nährstoffmuster, das es an nichts fehlen lässt.

Jeder einzelne Nährstoff hat wichtige, unverzichtbare Funktionen für den Körper, deshalb brauchen wir sie alle und in der richtigen Menge. Das mag jetzt vielleicht kompliziert klingen, ist es aber nicht.

Wir geben euch hier einen kurzen, knackigen Überblick über die Welt der lebenswichtigen und gesunden Nährstoffe, damit ihr in Zukunft genau wisst, was ihr euch auf die Teller ladet.

→ Kohlenhydrate liefern Energie

Low Carb, also möglichst wenige Kohlenhydrate zu essen, gilt als sehr gesund. Das könnte zu dem Trugschluss führen, dass wir keine Kohlenhydrate brauchen oder dass sie gar schädlich für uns sind. Aber so ist es nicht! Kohlenhydrate gehören nicht umsonst zu den Hauptnährstoffen.
In erster Linie liefern sie uns einen Großteil der Energie, die unser Körper täglich braucht, um zu funktionieren. Alle Kohlenhydrate, die wir essen, werden bei der Verdauung letztlich zu Glukose, also Zucker, abgebaut. Vor allem Muskeln und Gehirn brauchen viel davon.
Jetzt könntet ihr euch fragen, warum wir es dem Körper nicht leichter machen und den Zucker nicht einfach direkt essen, also Schokolade, Kuchen und Softdrinks ohne Limit! Bloß nicht, denn der reine Zucker kann auf Dauer den Stoffwechsel entgleisen lassen und Überschüsse werden zu allem Überfluss in Form von Fett gespeichert. Der kurzkettige Zucker ist im Nullkommanix abgebaut, er schießt ohne Verzögerung komplett ins Blut. Es ist viel besser, Kohlenhydrate in Form von langkettiger Stärke zu essen, die uns langsam mit Energie versorgt. Das ist zum Beispiel bei Vollkornprodukten der Fall. Sie halten lange satt und gehören zu den wenig verarbeiteten Produkten. Am vollen Korn ist noch alles dran, was dazugehört. So nutzt ihr das Korn besonders nachhaltig und tut eurer Gesundheit noch etwas Gutes. Vollkornnudeln und Co. müssen weder teuer noch in der Zubereitung komplizierter sein als Produkte aus Weißmehl. Auch Hülsenfrüchte wie Linsen, Erbsen und Bohnen, aber auch Kartoffeln oder Möhren enthalten viel Stärke. Wer nicht lange kochen will, macht vorgegarte Hülsenfrüchte aus der Dose oder im Glas zu seinen neuen Lieblingslebensmitteln. Sie sind schnell zubereitet und ein preisgünstiges, vielseitiges Grundnahrungsmittel.

→ Gute und schlechte Fette

Es gibt die guten, die weniger guten und die richtig schlechten Fette. Um Letztere, die gesundheitsschädlichen Trans-Fettsäuren, solltet ihr einen großen Bogen machen. Sie entstehen bei der industriellen Fetthärtung und stecken in einigem, was zwar schnell zu konsumieren und billig zu haben, aber weder für uns noch für den Planeten gesund ist: in Fast Food, Backwaren wie Croissants und Berlinern und in

Knabber-Artikeln wie Chips und Flips. Wer selbst kocht, hat es in der Hand, welche Fette auf den Tisch kommen. Faustregel ist: Pflanzliche Fette sind besser als tierische, weil sie vorwiegend die wertvollen einfach und mehrfach ungesättigten Fettsäuren enthalten, während tierische größtenteils die als weniger gesundheitsförderlich geltenden gesättigten Fettsäuren besitzen. Eine Ausnahme ist Fisch mit seinen ebenfalls besonders wertvollen ungesättigten Fettsäuren.

Die besten pflanzlichen Fette mit ungesättigten Fettsäuren für den Alltagsgebrauch sind Oliven-, Raps- und Leinöl. Für die kalte Verwendung, also zum Beispiel für Salate, solltet ihr auf die guten Eigenschaften von kalt gepresstem Öl setzen, die etwas höheren Kosten zahlen sich gesundheitlich aus. Zum Erhitzen, also Braten, Frittieren, Backen etc., tut es auch ein heiß gepresstes, kostengünstigeres Öl, denn das kalt gepresste büßt ohnehin einen Teil seiner guten Eigenschaften in der Pfanne ein. Die besonders wichtigen Omega-3- und Omega-6-Fettsäuren sind ungesättigte Fettsäuren, die der Körper nicht selbst herstellen kann. In hohen Konzentrationen findet man sie in vielen pflanzlichen Ölen, in fetten Seefischen wie Lachs, Thunfisch oder Hering und in Walnüssen. Nun ist es nicht immer ökologisch unbedenklich, Fisch zu essen. Unter den fetten Fischsorten sind derzeit lediglich die Bestände von Hering aus der Nordsee und dem Nordostatlantik nicht von Überfischung bedroht. Hin und wieder ein Fischbrötchen oder ein Heringssalat sind für die Umwelt aber okay und gesund für uns. Wer nachhaltig Fisch genießen möchte, sollte auf Bio-Siegel aus Aquakulturen achten. In diesen Teichanlagen sind die Anforderungen an Tierwohl und Umweltschutz besonders hoch.

Ökopluspunkt

Wer auf pflanzliche Fette setzt, tut auch gleichzeitig etwas fürs Klima, weil die Ökobilanz für pflanzliche Produkte sehr viel besser aussieht als für tierische.

→ Pflanzliche und tierische Proteine

„High Protein" soll es heute oft sein, denn das macht Muskeln. So ist es auch: Protein ist ein Baustein unseres Körpers, der sich aus 20 Aminosäuren in unterschiedlicher Kombination zusammensetzt. Alle unsere Zellen sind daraus aufgebaut. Schon klar, warum unser Körper nicht ohne Proteine auskommen kann. Tierisches Eiweiß ähnelt dem menschlichen Körpereiweiß mehr als das aus pflanzlichen Quellen. Die darin enthaltenen Proteine sind für uns Menschen besser verwertbar, denn die sogenannten Aminosäuremuster gleichen sich. Tierisches Protein deckt den Bedarf etwas schneller und gilt deshalb als wertvoller. Nur ist es leider viel schlechter für unseren Planeten: Zu viele wertvolle Ackerflächen und Wasserressourcen werden nur für die Tierfutterproduktion genutzt – von der Fragwürdigkeit der industriellen Tierhaltung und dem fehlenden Tierschutz ganz abgesehen. Zum Glück gibt es für alles eine Lösung, die in diesem Fall „biologische Wertigkeit" heißt. Die sagt aus, wie gut ein Protein für uns verwertbar ist. Bei Pflanzen ist sie wie erwartet zwar geringer als bei Tieren, aber kombiniert man pflanzliche Lebensmittel geschickt, kann man eine sehr hohe biologische Wertigkeit erreichen. Mais und Bohnen oder Erbsen, Linsen und Reis: So wird ein mexikanisches Chili oder ein chinesische Reisgericht zu einem echten Protein-Booster.

→ Vitamine, Mineralstoffe und Co.

Um Vitamine, Mineralstoffe, Spurenelemente und sekundäre Pflanzenstoffe möchten wir hier gar nicht viele Worte machen. Denn es ist ganz einfach: Wer Frisches einkauft und es frisch zubereitet, hat die maximale Menge all dieser gesundheitlich wichtigen Stoffe auf dem Teller, die natürlicherweise darin vorkommen. Obst, Gemüse, Kräuter und Salate besitzen nicht selten so wertvolle Inhaltsstoffe, dass sie nicht nur gesundheitlich positive, sondern sogar heilende Wirkungen haben – wie etwa das Thymol im Thymian mit seiner desinfizierenden und antibiotischen Wirkung. „Medizin zum Essen" ist nicht nur lecker und kostengünstig, sie hat auch keine Nebenwirkungen.

Das Superplus frischer Lebensmittel

Und damit sind wir auch schon beim Thema: Es geht einfach nichts über frische Lebensmittel. Kein Fertigessen, kein stundenlang warm gehaltenes Fast Food kann auch nur ansatzweise mithalten. Je stärker ein Lebensmittel verarbeitet und je länger es gelagert wird, desto weniger gesunde Stoffe können wir in der Regel darin erwarten. Frisch einkaufen spart außerdem Geld, denn wir müssen für jede weitere industrielle Bearbeitung bezahlen. Fertig geputzter und oft schon welk angebotener Mixsalat ist immer teurer als ein frischer Salatkopf – und hat außerdem schon einen Vitaminverlust erlitten. Wenn Gemüse, Obst, Salat und Co. keine weite Anreise hinter sich haben, sind sie, was die Klimabilanz betrifft, frisch kaum zu toppen. Jeder industrielle Verarbeitungsschritt, jeder Transportweg, der wegfällt, zählt.

Denkt an die Welt und eure Gesundheit

Aus der Region, nach Saison und möglichst viel bio – indem wir planetenschonend essen, können wir viel für den Klima- und Umweltschutz und gleichzeitig für unsere eigene Gesundheit tun. Wir machen die Welt ein bisschen besser und tragen dazu bei, dass wir uns auch in Jahrzehnten noch vielfältig, gesund und bezahlbar ernähren können.

Essen, was um die Ecke wächst – das ist die beste Devise für eine nachhaltige Ernährungsweise. Denn Lebensmittel aus der Region, die dann auf den Tisch kommen, wenn sie Saison haben, sind wegen der kürzeren Transportwege und der klimaschonenderen Anbaumöglichkeiten nachhaltiger und schmecken meist auch viel besser. Alles, was aus fernen Ländern importiert wird, ist ganz sicher nicht gut für unsere Erde. Und was außerhalb der Saison gezüchtet wird, braucht viel Energie. Selbst einheimische Gewächshaustomaten haben im Winter einen fast zehnmal so hohen ökologischen Fußabdruck wie Freilandtomaten im Sommer (siehe Seite 22). Noch etwas größer ist der Unterschied bei Erdbeeren aus südlichen Ländern, die im Winter auch noch lange Transportwege haben. Und mal ehrlich: Sonnengereifte, dunkelrote Früchte von heimischen Feldern schmecken im Sommer doch sowieso so viel besser als dieses blasse, wässrige Etwas aus der Ferne.

Einkaufen nach Saisonkalender

Hängt euch also einen Saisonkalender in der Küche auf und kauft in Zukunft hauptsächlich das, was gerade bei uns wächst beziehungsweise aus den Lagern kommt. Ihr werdet staunen, was selbst im Winter noch alles erhältlich ist: Kartoffeln, Kürbis und Möhren sowie anderes Wurzelgemüse sind lange lagerfähig, Salate wie Feldsalat und Endivie kommen frisch vom Feld, ebenso Kohlsorten wie Rosenkohl oder Grünkohl. Schaut euch immer an, woher die Lebensmittel stammen, die ihr kaufen wollt, und macht euch bewusst, dass lange Transportwege klimaschädlich sind, erst recht dann, wenn die Ware auch noch gekühlt transportiert werden muss oder sogar mit dem Flugzeug importiert wird. Aber auch hier gibt es Ausnahmen: So hat zum Beispiel ein einheimischer Lagerapfel, den man im April kauft, eine schlechtere Klimabilanz als der aus Neuseeland verschiffte, weil der neuseeländische keine monatelange Begasung zur Frischhaltung benötigt. Ihr seht, die Regeln für Nachhaltigkeit sind nicht immer gleich. Hier ist die Entscheidung für das regionale Produkt ausnahmsweise nicht die beste und Frische geht hier vor Regionalität.

Alternativen zu tierischen Lebensmitteln

Was die Klimabilanz betrifft, stehen tierische Lebensmittel mit Abstand am schlechtesten da. Sie machen drei Viertel des gesamten Beitrags durch Lebensmittel aus, ganz besonders Rindfleisch und Milch. Butter ist das klimaschädlichste Nahrungsmittel überhaupt, weil sie hochkonzentriert ist. Für ein Kilo Butter müssen etwa 18 Liter Milch produziert werden, dafür braucht man entsprechend viele Kühe. Weil Fleisch aber in größeren Mengen als Butter konsumiert wird, schlägt es mit Blick auf die Klimabilanz noch mehr zu Buche. Die miese Bilanz erklärt sich damit, dass tierische Lebensmittel nur über einen energieintensiven Umweg auf unsere Teller gelangen: Wenn wir Pflanzen anbauen, um sie an Tiere zu verfüttern, und diese dann schlachten und essen, verbrauchen wir natürlich mehr Ackerfläche, Wasser und Energie, als wenn wir die Pflanzen direkt verzehren. Die Energie der Pflanzen, die durch den Magen von Tieren geht, kommt nur zu einem Bruchteil in Fleisch und Milch an.

Ökopluspunkt

Unterm Strich werden bei der Produktion von einem Kilo Rindfleisch etwa 28 Kilo Treibhausgase verursacht, bei der von Obst und Gemüse hingegen weniger als ein Kilo!

Haferdrink statt Kuhmilch

Wer also darauf achtet, weniger tierische Lebensmittel zugunsten von pflanzlichen zu sich zu nehmen, tut damit der Umwelt einen großen

Gefallen. Fleischersatzprodukte aus Hülsenfrüchten oder Getreide sind heute zum Teil schon so weit, dass sie von echtem Fleisch kaum mehr zu unterscheiden sind. Werft dann aber auch einen Blick auf die Zutatenliste, denn industriell hergestellten Fleischersatz gibt es in verschiedenen Formen. Er unterscheidet sich zum Beispiel durch die Zuführung von Kalzium, Stabilisatoren und anderen Zutaten. Hier gilt: je weniger Zusatzstoffe, desto besser. Statt Kuhmilch kann man pflanzliche Drinks und statt Milchprodukten Alternativen auf pflanzlicher Basis wie zum Beispiel veganen Käse kaufen. Dabei handelt es sich aber oft um hochverarbeitete Lebensmittel, die in Sachen Nährstoffprofil den tierischen Varianten nichts voraushaben, aber immerhin in der Umweltbilanz besser abschneiden.

Bio-Tierhaltung und -Anbau

Lebensmittel aus Bio-Anbau und von Tieren aus biologischer Haltung sind für unseren Planeten viel gesünder, für uns selbst natürlich auch. Bei bio wird nicht gegen die Natur gearbeitet, wie es beim konventionellen Anbau der Fall ist, wo Böden ausgelaugt werden, die dann mit teurem und energieintensiv hergestelltem Kunstdünger wieder aufgewertet werden müssen, oder Tiere häufig unter beklagenswerten Haltungsbedingungen zu Höchstgewichten gemästet werden. Das gilt für die Produktion von pflanzlichen und tierischen Lebensmitteln gleichermaßen. Der Beitrag durch die Produktion tierischer Lebensmittel ist allerdings viel höher. Durch ihren Methanausstoß gehört die Kuh zu den größten Klimakillern. Auch Bio-Kühe produzieren Methan. Und doch sind Fleisch und Milch aus Bio-Anbau unterm Strich weniger schädlich fürs Klima, weil die Kühe zum Beispiel kein Soja aus Südamerika zu fressen bekommen und mehr auf der Weide stehen dürfen, was auch Ressourcen schont.

Nach bekannten Siegeln Ausschau halten

Keine Frage: Bio ist besser, weil ökologischer Anbau und ökologische Tierhaltung die Umwelt und das Klima schonen. Soweit klar. Aber wie erkennt ihr im Wust der Siegel, Label und Auszeichnungen, was wirklich „echt" bio ist? Viele Hersteller, die auf das lukrative Geschäft aufspringen möchten, suggerieren gerne, dass ihre Produkte ganz natürlich und biologisch produziert sind. Da werden Fantasiesiegel und Begriffe wie „kontrollierter Anbau", „naturnah" oder „integrierter Pflanzenanbau" erfunden, die rein gar nichts aussagen. Eier und Fleischprodukte aus Massentierhaltung werden mit Fotos von glücklichem Vieh auf blühenden Wiesen beworben, grün gestaltete Verpackungen gaukeln eine naturnahe Produktion vor und Wortteile wie „Land-", „Grün-", „Wiese-" erzeugen Bilder von idyllischen Bauernhöfen vor unserem inneren Auge. Meist liegt jedoch nichts ferner als das. Haltet deshalb immer Ausschau nach den bekannten Bio-Siegeln, die eine ökologische Produktion garantieren.

- Es gibt zum Beispiel Siegel nach EU-Rechtsvorschriften für den ökologischen Landbau, die ein bestimmtes Mindestmaß an Kriterien erfüllen. So müssen etwa alle Zutaten landwirtschaftlichen Ursprungs zu mindestens 95 Prozent aus ökologischem Landbau stammen, Gentechnik und organisch-synthetische Pflanzenschutz- sowie chemisch-synthetische Düngemittel sind verboten und artgerechte Tierhaltung ist Pflicht. Verbraucherinnen und Verbraucher erkennen ökologisch erzeugte Produkte am EU-Bio-Logo in Form eines Blattes. In Deutschland gibt es zusätzlich das sechseckige staatliche Bio-Siegel.

- Auch die Bio-Marken von Supermarktketten erfüllen diese Kriterien. Selbst die Discounter bieten entweder unter eigenem Label Bio-Produkte an oder haben andere Bio-Marken ins Programm aufgenommen.

- Noch klima- und umweltschonender, weil konsequenter, ist die weitgreifendere Variante des Bio-Anbaus, bei dem nicht nur der ökologische Anbau verpflichtend ist, sondern auch auf Regionalität, Saisonalität und faire Produktionsbedingungen Wert gelegt wird. Denn: Umweltschutz und nachhaltiges Wirtschaften auf dem Hof, beim Verarbeiter und im Laden tragen ebenfalls zu einer besseren Klimabilanz bei. Deshalb gehen verschiedene Bio-Verbände (zum Beispiel Demeter, Bioland, Naturland) noch weiter und haben Siegel mit strengeren Kriterien entwickelt. Unterschiede zum EU-Bio-Siegel sind zum Beispiel, dass der gesamte Betrieb ökologisch wirtschaften muss. Es ist nicht erlaubt, einzelne Bereiche auszugliedern. In der Tierhaltung wird mehr Platz gefordert, als beim EU-Bio-Siegel vorgegeben ist, der erlaubte Anteil an konventionellen Futtermitteln ist dagegen deutlich geringer. Diese Siegel garantieren also mehr bio, mehr Tier-, Klima- und Umweltschutz.

Unsere Top-12-Lebensmittel

Besonders gesund, klima- und umweltfreundlich und auch noch preiswert – diese Lebensmittel überzeugen auf ganzer Linie. Deshalb verwenden wir sie besonders gerne in unserer Küche und unseren Rezepten. Und auch ihr solltet bei ihnen künftig bitte öfter zugreifen!

Apfel

Das Lieblingsobst der Deutschen ist ein echtes Powerpaket: Reichlich Mineralstoffe, eine gute Portion Vitamin C, B-Vitamine, sekundäre Pflanzenstoffe und lösliche Ballaststoffe vereint er in seinem Fruchtfleisch. Am besten esst ihr Äpfel mit Schale, denn darunter sitzen die meisten Vitalstoffe. Besonders klimafreundlich ist die günstige Frucht während der Erntezeit aus der Region. Äpfel sind praktische Snacks für zwischendurch und in der Küche bestens für Süßspeisen, Müsli oder Gebäck geeignet. Kinder mögen Äpfel gerne als Mus. Sie sind auch bei Übelkeit und Durchfall gut. Das Pektin im Apfel bindet Wasser und Schadstoffe und scheidet sie aus. Pektin senkt zudem den Cholesterinspiegel.

Blumenkohl und Brokkoli

Der eine ist weiß, der andere grün, beide haben es in sich: viel Vitamin C, entwässerndes Kalium und Sulforaphan, ein Senföl, das vor allem im Brokkoli zu finden ist. Diesem sekundären Pflanzenstoff wurde in Studien eine Tumorzellen hemmende und keimtötende Wirkung gegen einzelne antibiotikaresistente Bakterienstämme nachgewiesen. Außerdem sind Blumenkohl und Brokkoli kalorienarm. Sie kommen in der Regel aus der Region und haben daher einen niedrigen ökologischen Fußabdruck. Beide schmecken gedünstet, gebraten, als Suppe oder Salat. Praktisch: Auch als Tiefkühlware (ohne Zusatzstoffe!) sind sie supergesund.

Haferflocken

Als Vollkornprodukt enthalten sie die volle Power des Haferkorns und sättigen nachhaltig. Hafer ist reich an Eisen und Beta-Glucan, einem besonderen Ballaststoff, der nicht nur der Verdauung guttut, sondern auch nachweislich den Cholesterinspiegel ins Gleichgewicht bringen kann. Dazu kommen nervenstärkende B-Vitamine und Mineralstoffe. Die preiswerten Flocken sind ein regionales Lebensmittel mit einer guten Klimabilanz. Sie schmecken nicht nur als süßer Frühstücksbrei oder im Müsli, sondern auch herzhaft zubereitet. Allerdings sind sie nicht glutenfrei, was Zöliakie-Patienten wissen müssen.

Hirse

Die Körnchen sind Top-Lieferanten für Magnesium, ein Mineralstoff, der wichtig für Muskeln und Nerven ist. Das in Hirse enthaltene Eisen verbessert die Sauerstoffversorgung. Daneben überzeugen die Körnchen mit Eiweiß, sie sind glutenfrei und bekömmlich. Kieselsäure macht Hirse zum Beautyfood, das Haut, Haaren und Nägeln guttut. Auch in Sachen Klima punktet die anspruchslose Pflanze als klimafreundliche Reis-Alternative. Hirse schmeckt herzhaft oder süß zubereitet als Beilage, in Salaten, Aufläufen oder als Frühstücksbrei.

Kartoffeln

Weil die tolle Knolle reich an Kalium ist (mehr als in Bananen!), kann sie den Blutdruck ausgleichen und Sodbrennen entgegenwirken. Dank ihres hohen Vitamin-C-Gehalts (höher als in Äpfeln) pusht sie außerdem das Immunsystem. Mit wertvollem Pflanzeneiweiß, kaum Fett, langsamen Kohlenhydraten und reichlich Ballaststoffen ist die gute alte Kartoffel ein Top-Sattmacher. Als echtes Allroundtalent lässt sie sich immer wieder anders zubereiten. Besonders gesund ist sie als Salat, denn beim Abkühlen von gegarten Kartoffeln bildet sich resistente Stärke, die unsere guten Darmbakterien füttert und so dem Mikrobiom guttut. Kartoffelbrei kann bei Magen-Darm-Beschwerden lindernd wirken. In der Region geerntet, haben Kartoffeln eine super CO_2-Bilanz (unfrittiert oder unpaniert).

Kichererbsen

Die kleinen Kraftpakete gehören zu den Hülsenfrüchten. Sie sind nährstoffreich, lange haltbar und können klimafreundlich produziert werden. Wie alle Hülsenfrüchte gelten Kichererbsen zu Recht als Superfood der Zukunft. Sie enthalten viel Eiweiß, kaum Fett, gesunde Kohlenhydrate und Mineralstoffe. Ihr könnt sie vorgekocht in der Dose oder im Glas kaufen. Umweltfreundlicher ist es aber, sie selbst einzuweichen und zu garen.

Kürbis

Das Herbstgemüse verwöhnt uns mit viel Betacarotin, das Sehkraft, Haut und Haare stärkt. Außerdem wehrt es freie Radikale ab, was dem Immunsystem guttut. Dank reichlich Kalium haben Kürbisse eine leicht entwässernde und ausgleichende Wirkung. Daneben liefern sie viel Vitamin B, C und E sowie Folsäure und Magnesium (für Herz, Nerven, Muskeln, Zähne und Knochen sowie den Fett- und Kohlenhydratstoffwechsel). Das anspruchslose Gemüse verfügt über eine gute CO_2-Bilanz und lässt sich gut lagern. Besonders aromatisch sind Hokkaido- und Butternuss-Kürbis. Man kann sie in der Küche vielseitig verwenden. Sie schmecken in der Pfanne oder im Ofen gebraten, gedünstet, als Suppe oder Püree, in Eintöpfen und Gemüsepfannen.

Linsen

Egal, ob rot, braun oder schwarz: Die kleinen Hülsenfrüchte punkten mit einer ganzen Palette an gesunden Inhaltsstoffen. Hochwertiges Pflanzeneiweiß, Ballaststoffe und Bioaktivstoffe machen Linsen zu einem echten Superfood. Noch dazu sind sie preiswert und vielfältig zu verwenden: Von Suppe über Beilage bis Salat eignen sie sich für alles. Auch dem Klima tun sie mit einem niedrigen CO_2-Wert gut. Eine prima umweltfreundliche Eiweiß-Alternative zu tierischen Lebensmitteln.

Möhren

Die Super-Wurzeln sind reich an Betacarotin, das die Sehkraft stärkt, Haut und Haaren guttut und unsere Zellen vor schädlichen Stoffen schützt. Mit etwas Öl im Essen kann der Körper Betacarotin am besten nutzen. Das preiswerte Gemüse ist im Kühlschrank lange haltbar. Es kommt meist aus der Region und ist anspruchslos im Anbau. Kein Wunder, dass es einen besonders kleinen ökologischen Fußabdruck hat. Möhren schmecken roh zum Knabbern oder als Salat, gedünstet, als Suppe, in Saucen und Gemüsegerichten.

Spitzkohl

Der zarte Verwandte des Weißkohls unterstützt mit Vitamin C und Zink die Abwehrkräfte, bringt mit Ballaststoffen die Verdauung auf Trab und stärkt das Mikrobiom im Darm. Eine geballte Ladung sekundärer Pflanzenstoffe wehrt schädliche freie Radikale ab und kann so vor Krankheiten wie Krebs schützen. Das regionale Gemüse hat einen kleinen ökologischen Fußabdruck. Roh schmeckt es als knackiger Salat, gegart in Suppen und Eintöpfen, geschmort oder gebraten als Beilage oder Hauptgericht.

Walnüsse

Die knackigen Kerne punkten mit Omega-3-Fettsäuren, die unsere Blutfettwerte ausgleichen und das Herz schützen. Ihre B-Vitamine (inklusive Folsäure) stärken die Nerven, ihr Eisen fördert die Blutbildung, ihr Vitamin E schützt die Zellen vor schädlichen Einflüssen und wirkt regulierend auf den Blutdruck. Die glutenfreien Nüsse eignen sich als Topping für herzhafte und süße Speisen wie Salate, Suppen oder Müsli. Für eine gute Klimabilanz greift ihr am besten zu Nüssen aus Europa. Kalifornische Walnüsse müssen bewässert werden und haben einen langen Transportweg – was ihren CO_2-Fußabdruck stark vergrößert.

So esst ihr mit gutem Gewissen

Bei diesen Tabellen seht ihr auf einen Blick, was gesund ist und in welcher Form es am besten in die Küche kommt. Damit ihr mit gutem Umwelt-Gewissen schlemmen könnt.

Frisches ist besser als Verpacktes, Tomaten vom Feld schlagen Produkte aus dem beheizten Gewächshaus um Längen. Von der Herstellung bis zur Entsorgung – alles, was wir essen, hinterlässt Spuren auf unserem Planeten. Der ökologische Fußabdruck gibt darüber Auskunft und zeigt, was jeder besser machen kann. Um diesen Wert zu bestimmen, haben das Bundesministerium für Umwelt, Naturschutz und nukleare Sicherheit, das Umweltbundesamt und das Öko-Institut eine einheitliche Definition erstellt: „Der Product Carbon Footprint (CO_2-Fußabdruck) bezeichnet die Bilanz der Treibhausgasemissionen entlang des gesamten Lebenszyklus eines Produkts in einer definierten Anwendung und bezogen auf eine definierte Nutzeinheit. [...] Der Lebenszyklus eines Produkts umfasst dabei die gesamte Wertschöpfungskette: von Herstellung und Transport der Rohstoffe und Vorprodukte über Produktion und Distribution bis hin zu Nutzung, Nachnutzung und Entsorgung. Der Begriff Produkt steht als Oberbegriff für Waren und Dienstleistungen."

Am besten immer unverpackt

Frisch, aus der Dose, aus dem Glas oder aus dem Froster? Diese beiden Tabellen zeigen, wie viel klimafreundlicher es ist, Gemüse und Obst frisch und unverpackt zu kaufen. Auch Tiefkühlware, die zwar in der unverarbeiteten Form durchaus gesund ist, hat keine so gute Umweltbilanz.

Gemüse frisch und aus dem Glas/aus der Dose	kg CO_2/kg
Rote Bete (frisch)	0,2
im Vergleich: Rote Bete aus dem Glas	1,3
Rotkohl (frisch)	0,2
im Vergleich: Rotkohl aus dem Glas	0,7

Grünkohl (frisch)	0,3
im Vergleich: Grünkohl aus dem Glas	0,9
Tomaten (frisch), Durchschnitt	0,8
im Vergleich: passierte Tomaten aus der Dose	1,8
im Vergleich: passierte Tomaten aus dem Glas	1,9
grüne Erbsen (frisch, in Schoten)	0,4
im Vergleich: Erbsen aus der Dose	1,7
Pfirsich (frisch)	0,2
im Vergleich: Pfirsich aus der Dose	1,6
Bohnen (frisch)	0,8
im Vergleich: Bohnen aus der Dose	1,3
Champignons (frisch)	1,3
im Vergleich: Champignons aus der Dose	2,4

Gemüse und Obst frisch und tiefgefroren	**kg CO_2/kg**
Spinat (frisch)	0,2
im Vergleich: TK-Blattspinat	0,6
Rosenkohl (frisch)	0,3
im Vergleich: TK-Rosenkohl	0,6
Brokkoli (frisch)	0,3
im Vergleich: TK-Brokkoli	0,7
Erdbeeren (frisch, regional, saisonal)	0,3
im Vergleich: TK-Erdbeeren	0,7
grüne Erbsen (frisch, in Schoten)	0,4
im Vergleich: TK-Erbsen	1,2

Keine weiten Wege bitte

Ob bio oder regional, das macht bei vielen frischen Lebensmitteln keinen großen Unterschied. Klimaschädlich sind vor allem beheizte Gewächshäuser und weite Weg um die Welt, wie diese Übersicht zeigt:

Gemüse und Obst regional und saisonal	**kg CO_2/kg**
Bio-Apfel, Durchschnitt	0,2
im Vergleich: Apfel, aus der Region im Herbst	0,3
im Vergleich: Apfel aus der Region im April	0,4
im Vergleich: Apfel aus Neuseeland	0,8
Tomaten (frisch), Durchschnitt	0,8
im Vergleich: Tomaten, aus Deutschland, saisonal	0,3
im Vergleich: Tomaten, aus Südeuropa, Freiland	0,4
im Vergleich: Tomaten, aus Deutschland, beheiztes Gewächshaus („Winter-Tomaten")	2,9
Avocados, Durchschnitt	0,6
im Vergleich: Avocado aus Peru	0,8

Milch: Hier punkten die Pflanzendrinks

Soll ich die günstige Kuhmilch kaufen oder doch lieber etwas mehr für pflanzliche Drinks ausgeben? Ob Mandel-, Hafer-, Soja-, Haselnuss- oder Reisdrinks: Alternativen gibt es genug. Doch was spricht wofür? Beide „Milch"-Sorten bestehen zum großen Teil aus Wasser. In Sachen Kaloriengehalt, Kohlenhydrate, Fett und Eiweiß geben sie sich nicht viel. Kuhmilch enthält etwas mehr Vitamine und Mineralstoffe als ihre pflanzlichen Alternativen, die wiederum manchmal mit Vitaminen, Kalzium, Zucker und Aromen versetzt werden. Je nach Herstellungsart unterscheidet sich Pflanzenmilch deshalb im Geschmack und bei den Nährstoffen. Insgesamt haben Milchersatzdrinks aber eine bessere Umweltbilanz.

Milch und Milchersatz	kg CO_2/kg
Milch, ESL, Vollmilch, Verbundkarton	1,4
im Vergleich: Bio-Vollmilch	1,7
Haferdrink	0,2
Dinkeldrink	0,3
Sojadrink	0,4
Sahne-Ersatz aus Hafer (Hafer Cuisine)	0,8
Quark-Ersatz aus Soja	0,3

Fleisch könnt ihr reduzieren

Wie stark unser Fleischkonsum das Klima belastet, seht ihr in dieser Übersicht. Im Vergleich zum vegetarischen Ersatz ist der ökologische Fußabdruck beispielsweise von Bio-Rinderhackfleisch um ein Vielfaches höher.

Fleischersatz und Fleisch	kg CO_2/kg
Tofu	1,0
Sojagranulat (TVP)	1,0
im Vergleich: Bio-Rinder-Hackfleisch	15,1
Bratling/Veggieburger/Patty auf Sojabasis	1,1
im Vergleich: Bratling/Veggieburger/Patty auf Erbsenbasis	1,8
im Vergleich: TK-Rinder-Patty	9,0
Gemüsenugget/-schnitzel	1,3
im Vergleich: Hähnchen-Nugget	3,3
Wurst-Ersatz, vegane Bratwurst	1,7

Quelle: Ökoligische Fußabdrücke von Lebensmitteln und Gerichten in Deutschland, Studie des Instituts für Energie- und Umweltforschung Heidelberg, Heidelberg 2020.

Make it simple: Einkaufstipps

Kochen fängt beim Einkaufen an. Schon im Laden entscheidet ihr, was auf eurem Teller landet. Mit ein paar einfachen Regeln könnt ihr eine Menge Geld sparen, ohne dass das auf Kosten der Qualität geht – und ihr schont durch bewusstes Einkaufen das Klima. Hier sind unsere Tipps.

Macht euch einen Fahrplan

Plant eure Einkaufsfahrten gut. Nehmt nur dann das Auto, wenn es sich nicht anders machen lässt, und kauft dann vielleicht gleich für den Nachbarn mit ein. Kleinere Besorgungen gehen auch zu Fuß, mit dem Rad oder öffentlichen Verkehrsmitteln. Wer sich außerdem überlegt, auf welchen Wegen er einen schnellen Schlenker zum Supermarkt machen kann, muss nicht noch mal extra losfahren und spart dabei auch noch Zeit.

Nicht ohne Einkaufszettel

Auch die Einkäufe selbst solltet ihr gut planen. Das spart Zeit. Überlegt euch schon für die ganze Woche, was ihr kochen möchtet. Selbst frische Lebensmittel lassen sich auf Vorrat kaufen. Verwendet dann die schneller verderblichen bald und die länger haltbaren erst ein paar Tage später. Ihr spart euch damit zusätzliche Einkaufswege.

Gutes Timing ist alles

Wenn ihr spät am Tag einkaufen geht, könnt ihr bei Frischware richtig Geld sparen. Obst, Gemüse, Salat und Co. werden gegen Ladenschluss häufig reduziert, damit sie nicht verderben und weggeworfen werden müssen. So rettet ihr also noch gutes Gemüse vor der Tonne und tragt zum Klimaschutz bei. Fragt ruhig beim Personal nach, ab welcher Uhrzeit sich das lohnt.

Das MHD ist nicht das Wegwerfdatum

Ein Hersteller garantiert mit dem Mindesthaltbarkeitsdatum (MHD), dass ein Produkt bis zu diesem Zeitpunkt ungeöffnet alle seine spezifischen Eigenschaften wie Geruch, Geschmack und Nährwert behält. Das heißt nicht, dass es mit Ablauf nicht mehr in Ordnung wäre. In den meisten Läden werden zum Beispiel Milchprodukte, bei denen das MHD in Kürze abläuft, günstiger verkauft. Prüft immer, auch bei schon abgelaufenen Lebensmitteln bei euch zu Hause, mit gesundem Menschenverstand: Riecht es noch gut, sieht es noch gut aus? Dann ist es meistens auch noch gut.

Hunger ist ein miserabler Berater

Ein knurrender Magen ist kein guter Ratgeber beim Lebensmitteleinkauf. Selbst wenn ihr euch mit einer Einkaufsliste vor Spontankäufen gerüstet fühlt: Das funktioniert nicht. Euer Hunger wird euch überlisten und am Ende werdet ihr euch wundern, was da alles im Wagen gelandet ist. Weil der knurrende Magen seltener nach Vollkornbrot als nach schnell konsumierbarem Süßkram oder Knabberzeug schreit, sind diese überflüssigen Einkäufe auch noch ungesund und klimaschädlich.

No Name ist auch okay

Die Werbung will uns immer weismachen, dass nur ganz bestimmte Markenprodukte für Qualität stehen. Dabei sind No-Name-Produkte oft auch nicht schlechter. Zuweilen werden sie sogar von den Markenherstellern identisch produziert und nur anders etikettiert, um auch die preisbewussten Käufer zu erreichen. Damit diese Produkte nicht gleich ins Auge fallen, stehen sie in den unteren Regalreihen. Also: Den Blick senken und Schnäppchen finden.

Bleibt im Kostenrahmen

Legt ein Wochenbudget fest und überschreitet es nicht. Schreibt also genau auf, wie viel ihr für was ausgeben wollt. Das schützt zum einen vor meist ungesunden Spontankäufen, die nicht unbedingt sein müssen. Zum anderen führt es zu einem achtsameren Umgang mit dem eigenen Geld und bei der Auswahl der Lebensmittel. Ebenfalls sinnvoll: Zahlt bar. Scheine und Münzen aus dem Portemonnaie zu holen, fällt schwerer, als die Karte zu zücken oder das Handy an den Scanner zu halten.

Maßhalten mit Korb und Taschen

Muss es wirklich der XXL-Einkaufswagen sein? Händler setzen mit Riesengefährten darauf, dass ihre Kunden mehr kaufen. Lasst euch nicht verführen. Ein kleiner Wagen oder sogar nur ein Korb hilft beim Maßhalten. Denn ihr merkt am Gewicht, was ihr kauft. Aus Umweltschutzgründen solltet ihr auch auf Plastik- oder Papiertüten verzichten und selbst wiederverwertbare Einkaufstaschen mitbringen.

Weniger wegwerfen: no waste!

Wer Abfall vermeidet, kann eine Menge sparen. Ihr gebt automatisch weniger Geld aus, wenn ihr keine Lebensmittel mehr kauft, die später weggeschmissen werden. Zusätzlich schont ihr damit natürlich auch unsere Erde. Beim Einkaufen geht es los, aber auch bei der Zubereitung gibt's Sparpotenzial.

Rund 78 Kilogramm an Lebensmitteln landen pro Kopf und Jahr im Müll der Privathaushalte. Zu fast 60 Prozent liegt das daran, dass die Lebensmittel abgelaufen waren. Über 20 Prozent werden weggeworfen, weil die Portionen zu groß bemessen wurden, und noch 13 Prozent deshalb, weil schon beim Einkaufen der Bedarf zu hoch eingeschätzt wurde. Zehn Prozent wandern in den Müll, weil es nicht geschmeckt hat.

Vermeidet Lebensmittelverschwendung

Jeden dieser Gründe könnt ihr vermeiden, indem ihr gezielter einkauft und euch gut überlegt, ob ihr das wirklich alles braucht. Indem ihr schon abgelaufene Lebensmittel bei euch zu Hause prüft, ob sie nicht doch noch gut sind. Indem ihr euch weniger auf den Teller ladet. Selbst das „schmeckt nicht" könnt ihr meist vermeiden, indem ihr euch beim Kochen an das Rezept haltet und nur das zubereitet, was eurem Gaumen zusagt.
Falls ihr zu viel gekocht habt, müssen die Reste auf keinen Fall in die Tonne wandern. Am einfachsten ist es, ihr hebt sie im Kühlschrank auf und macht sie euch als kleine Mahlzeit am Abend noch mal warm oder nehmt sie am nächsten Tag mit zur Arbeit. Es gibt unzählige Ideen, wie sich Reste von Mahlzeiten verwerten lassen: Gekochtes Gemüse könnt ihr mit etwas Brühe zu einer Gemüsesuppe pürieren oder die Arrabiata-Sauce als Dip genießen. Übrig gebliebene Nudeln wandern mit etwas Gemüse oder Schinken in die Pfanne und aus gekochten Kartoffeln vom Vortag lassen sich die knusprigsten Bratkartoffeln der Welt zubereiten.

Kluge Mahlzeitenplanung

Durch gute Planung könnt ihr schon vermeiden, dass Abfälle überhaupt entstehen. Stichwort: Wocheneinkaufs- und -essensplan. Ihr kauft dann nicht lauter Lebensmittel ein, die ihr später nicht verwerten könnt und letztendlich wegwerft. Ihr könnt auch gleich so planen, dass ihr die an einem Tag anfallenden Reste für die Mahlzeit am nächsten Tag verwendet. Ihr dürft auch mal größere Mengen einkaufen, wenn sie im Angebot sind, und nach und nach verarbeiten.

Möglichst wenig Verpackungsmüll

Müll könnt ihr aber auch schon viel früher vermeiden, indem ihr ihn erst gar nicht kauft. Werft also auch immer einen Blick darauf, wie aufwendig eure Lebensmittel verpackt sind. Frisches Obst und Gemüse brauchen keine Plastikfolie. Wenn ihr die Wahl habt, kauft Gemüse, Obst, Salate und Pilze immer lose ein. Zitrusfrüchte kann man in der Regel auch einzeln kaufen und spart sich das Plastiknetz. Die „Hemdchenbeutel" lasst ihr in der Gemüseabteilung, wenn ihr euch von zu Hause wiederverwendbare Stoffbeutel mitbringt. Und wenn ihr eure Einkäufe in Kartons packt, nutzt diese unbedingt öfter.

Bei Fertiglebensmitteln kann der Verpackungswahnsinn absurde Formen annehmen. Möchtet ihr wirklich ein Produkt in einer Schachtel kaufen, die noch mal in Plastikfolie eingeschweißt ist und in der sich wiederum eine Blisterverpackung befindet, in der womöglich die einzelnen Portionen noch mal in Plastik stecken? Das ist doch verrückt! Je aufwendiger etwas verpackt ist, desto schädlicher für die Umwelt. Zeigt den Herstellern solcher Sünden die rote Karte, indem ihr ihre Produkte nicht kauft. Und versucht doch bitte auch immer wieder mal, freundlich und geduldig mit dem Anbieter vor Ort ein Gespräch über eine „gesunde Verpackung und Entsorgung" zu führen. Denn steter Tropfen höhlt den Stein ...

BESTE RESTE: VON DER WURZEL BIS ZUM BLATT

Gemüse ist viel zu wertvoll, um es nur teilweise zu verwenden. Das Grün von Möhren, Radieschen, Kohlrabi, Roter Bete oder Fenchel ist eindeutig zu schade für die Tonne. Es ist würzig-aromatisch und sogar besonders nährstoffreich. Klein gehackt lässt es sich wie Kräuter zum Würzen verwenden, in Streifen geschnitten ist es eine super Salatzutat. Möhren- oder Radieschengrün könnt ihr ruckzuck zu einem leckeren Pesto verarbeiten – so, wie ihr es von Basilikum kennt. Bei Blumenkohl und Brokkoli immer die Stiele mitverwenden: einfach schälen, in schmale Stücke schneiden und mitgaren. Schalen, Stiele und Wurzelabschnitte, die beim Putzen von Gemüse und Kräutern anfallen, lassen sich in eine köstliche Gemüsebrühe verwandeln. Dazu die Reste, wenn sie anfallen, einfrieren und sammeln, bis ihr etwa ein Kilo zusammenhabt. Dann mit 2 l Wasser und 2 TL Salz aufkochen und zugedeckt etwa 1 Stunde köcheln lassen. Durch ein Sieb gießen und in saubere Gläser füllen. Im Kühlschrank hält sich die Brühe etwa 1 Woche. Wenn ihr sie einfriert sogar mindestens 3 Monate.

Wisst ihr zum Beispiel, dass …

… jeder mit nur einem fleischfreien Tag in der Woche so viel Wasser einsparen kann, dass er damit anderthalb Jahre lang duschen könnte?

… 20 % aller Treibhausgase aus der Fleischproduktion für die menschliche Ernährung stammen? Das ist mehr als alle Fahrzeuge der Welt zusammen produzieren.

… in Deutschland pro Sekunde 313 Kilo Lebensmittel weggeworfen werden?

… man mit der gleichen Fläche, die eine Person mit Viehhaltung ernährt, 14 Personen mit pflanzlichem Anbau sättigen kann?

 # Öko-Faustregel

Je höher der Fettanteil, desto mehr Milch ist bei der Produktion nötig. Daher haben Harzer Käse (ein Prozent Fett) oder Quark eine sehr viel bessere Klimabilanz als beispielsweise Camembert (70 Prozent Fett).

… der CO_2-Fußabdruck von Fluganananas 25-mal höher ist als der von Ananas, die mit dem Schiff transportiert wird?

... die Fleischproduktion jede Menge Wasser verbraucht? Am „durstigsten“ ist Rindfleisch mit durchschnittlich fast 15 500 Litern, die für ein Kilo benötigt werden. Ein Kilo Schweinefleisch verschlingt knapp 6000 und Geflügel etwa 4300 Liter. Ein Liter Milch benötigt noch ca. 1000 Liter.

... Butter von allen Milchprodukten das meiste CO_2 erzeugt, nämlich 23,8 Kilo pro Kilo? Bei Sahne sind es 7,6 und bei Käse durchschnittlich pro Kilo 8,5 Kilo CO_2.

... auch Schokolade die Klimabilanz verhagelt? Das gilt besonders für Milchschokolade. Aber auch die Basis, der Kakao, braucht sehr viel Wasser – bis zu 27 000 Liter pro Kilo Schokolade.

... ein Lachs pro 100 Kilo Futter 63 Kilo Fleisch liefert, eine Kuh aber nur vier bis zehn Kilo?

... Pommes einen erstaunlich großen CO_2-Fußabdruck haben, obwohl sie vegan sind? Das liegt an der sehr energieaufwendigen Herstellung mit Trocknen, Frittieren und Tiefkühlen.

... mehr als die Hälfte der weltweiten Getreideernte für die Tierfütterung verwendet wird?

Spartipps für die Küche

Auch beim Gerätekauf und beim Zubereiten lässt sich klima- und geldbeutelschonend einiges tun. Überlegt euch genau, was wirklich sein muss, bevor ihr nur nette Gadgets kauft, die später im Weg herumstehen. Schauen wir doch mal, wie das gehen kann.

Jedes Gerät, das ihr nicht kauft und nutzt, schont den Planeten. Teure und energieintensive Maschinen, die wiegen, rühren und sogar kochen können und versprechen, euch viel Arbeit abzunehmen, braucht ihr nicht. Auch auf eine herkömmliche Küchenmaschine könnt ihr meist verzichten, in der Regel reicht ein Handrührgerät. Bevor ihr euch ein neues Küchengerät zulegt, überlegt euch als Erstes, ob sich die Anschaffung lohnt, weil ihr es häufig verwenden werdet – oder ob es nicht nur ein nettes Gadget ist. Nice to have, aber nicht unbedingt notwendig. Vielleicht spielt euch auch die Bequemlichkeit einen Streich. Müssen Dosenöffner, Orangenpresse oder Brotmaschine wirklich elektrisch sein oder tut es auch das mechanische Gerät, das in der Regel sowieso viel weniger kostet?

Für die klimagerechte Küche braucht ihr nichts weiter als die übliche Grundausstattung, die ihr euch auch für kleines Geld auf Flohmärkten oder über Angebote beim Discounter zulegen könnt. Achtet aber darauf, dass die Qualität stimmt, denn Kochen mit stumpfen Messern und wackeligen Töpfen macht keinen Spaß. Andere Neuanschaffungen sind durchaus sinnvoll: Wenn Kühlschrank und Herd älter als zehn Jahre sind, kann sich der Kauf neuer Geräte schnell auszahlen, denn diese sind im Verbrauch deutlich sparsamer. Auch bei Mixern gelten Ausnahmen. Sie sind vielseitig, extrem hilfreich beim Zerkleinern, Mischen und Pürieren, leicht zu reinigen und kompakter als große Küchenmaschinen. Wir sind echte Fans und nutzen unseren Mixer jeden Tag.

Ökopluspunkt

Übrigens braucht der Kühlschrank weniger Strom, wenn er keinen leeren Raum zu kühlen hat. Deshalb: Ist euer Kühlschrank nur mäßig voll, füllt ihn einfach mit ein paar Wasserflaschen.

Sparen bei der Zubereitung

Verwendet immer Töpfe, die genau zur Größe der Herdplatten passen und nicht darauf herumwackeln. Füllt sie zum Garen von Gemüse, Kartoffeln und Ähnlichem mit nur wenig Wasser, die Lebensmittel müssen nicht darin schwimmen. Dadurch werden sie mehr gedämpft als gegart, was zum einen vitaminschonend ist, zum anderen auch weniger Energie braucht, weil deutlich weniger Wasser erhitzt werden muss. Und immer mit aufgelegtem Deckel garen, damit die Hitze nicht entweicht. Schaltet ihr den Herd schon einige Minuten vorm Ende der Garzeit aus, so nutzt ihr die Nachhitze effektiv. Bei Gasherden ist das allerdings nicht möglich. Hülsenfrüchte, Hirse und andere Getreide könnt ihr vorab einige Stunden einweichen, bei vielen Hülsenfrüchten ist das sogar notwendig. So verkürzt sich die eigentliche Garzeit.

Planung ist das halbe Leben

Durch gute Vorausplanung lässt sich auch viel sparen, Meal Prep macht's vor. Zum einen könnt ihr so größere Mengen einkaufen, also müsst ihr auch seltener los und könnt Sonderangebote effektiv nutzen. Nehmt euch einen oder zwei Tage in der Woche etwas Zeit für die Vorbereitung der Zutaten, die ihr im Laufe der Woche dann verwendet: Schnippelt und gart schon Gemüse vor, kocht Hirse, Quinoa, Kartoffeln und Co. und lagert alles im Kühlschrank, wo es auf den schnellen Einsatz warten kann. Bei guter Planung spart ihr eine Menge Zeit und ihr habt immer etwas vorrätig.

Mal etwas Kaltes schmeckt auch

Den Backofen einheizen, Töpfe wärmen, das Essen in der Pfanne heiß anbraten und danach alles wieder reinigen – Kochen verbraucht Energie. Das lässt sich nicht vermeiden, muss aber nicht jeden Tag sein. Denn vieles schmeckt auch kalt. Wenn ihr mal keine Lust auf eine warme Mahlzeit habt, ist das völlig okay und verbessert die Umweltbilanz. Wir essen gerne leckere Vollkorn- oder Knäckebrote, Joghurt in unterschiedlichen Varianten und Herstellungsarten, wir lieben Dips und Salate, auch Obstsalat mit Äpfeln, Birnen und unterschiedlichen Beeren. Wir holen sie vom Bauern, aus Schrebergärten, vom heimischen Markt, auch aus Natur- und Supermärkten oder bei Urban-Gardening-Aktivitäten.

Küchenkräuter: viel Geschmack und Gesundheit für wenig Geld

Sie peppen fast jedes Gericht geschmacklich auf und sind gleichzeitig erstklassige preisgünstige Heilmittel – ob gegen Verdauungsbeschwerden, Erkältung oder Herz-Kreislauf-Probleme. Kräuter gehören einfach in jede Küche. Hier stellen wir euch unsere Lieblinge vor.

Kräuter sind das i-Tüpfelchen in der Küche. Sie bringen Pep und immer neue Aromen ins Spiel, die viele Gerichte erst vervollständigen. Schon kleine Mengen liefern viel Geschmack und kosten fast nichts. Und als wäre das alles noch nicht genug, haben Kräuter auch noch heilende Wirkungen. Nicht umsonst heißt es, dass gegen viele Krankheiten „ein Kraut gewachsen ist". Das Beste: Man kann Kräuter auch leicht selbst anbauen. Dafür braucht man keinen großen Garten, das funktioniert auch wunderbar im Hochbeet, auf dem Balkon oder auf dem kleinen Fensterbrett. Ob Basilikum, Minze, Thymian oder Rosmarin: Sie alle wachsen und gedeihen prächtig im Töpfchen in der Küche. Erde, Wasser, Licht und Liebe, mehr braucht es nicht, um Kräuter zum Würzen jederzeit parat zu haben. Außerdem: Kräuter bringen Urlaubsfeeling in den Alltag, lassen uns mit ihrem Duft von Sonne, Wärme und mediterraner Leichtigkeit träumen. Und für Kinder sind sie der ideale Start ins Gärtnerleben.

Basilikum

Die aromatische Pflanze ist perfekt für die Mittelmeer-Küche und in jedem Supermarkt im Topf zu bekommen. Man sollte sie immer frisch verwenden und nicht mitkochen, der Geschmack geht sonst verloren. Basilikum beruhigt Magen und Darm, hilft bei Appetitlosigkeit und regt die Fettverdauung an. Es reduziert Stress und kann bei Schlaflosigkeit, Nervosität und Migräne Abhilfe schaffen.

Dill

Das Gurkenkraut passt bestens zu Fischgerichten, Salat- und Käsesaucen. Es wächst auf leichten Böden, mit ausreichend Sonne auch im Garten. Es enthält viel Vitamin C und E und hilft bei Verdauungsbeschwerden, Übelkeit und Magenkrämpfen. Als Tee aufgegossen kann es den Schlaf fördern.

Kresse

Kresse ist im Kästchen als Samen oder Sprossen zu haben, lässt sich aber auch leicht selbst ziehen. Sie gilt als beste Einsteigerpflanze, gerade für Kinder. In der Küche kommt Kresse gerne als Deko zum Einsatz, sie gibt mit ihren Senfölen aber auch Kartoffelsalat, Eiern oder Suppen eine besondere Note. Die Keimlinge stecken voller Vitamin C, Eisen, Kalzium und Folsäure. Sie hilft vorbeugend gegen Herz-Kreislauf-Erkrankungen. Weniger bekannt ist ihre Heilwirkung bei Durchfall und Muskelschmerzen. Zudem werden Kresse antibakterielle, immunstärkende und auch entzündungshemmende Eigenschaften nachgesagt.

Minze

Das aromatische Kraut ist besonders in der orientalischen Küche sehr beliebt. Die Römer brachten es einst vom Mittelmeer nach Nordeuropa. Ihr ätherisches Pfefferminzöl macht die Pflanze als Heilmittel so wertvoll. Es wirkt beruhigend, keimtötend und schmerzlindernd, sowohl in den oberen und unteren Atemwegen als auch im Magen-Darm-Trakt. Ein Tee aus Minze mit Honig hilft unter anderem bei Atemproblemen. Das beste Aroma hat Minze vor der Blüte im Juli. In der Küche kommt sie hierzulande vor allem bei Süßspeisen zum Einsatz.

Oregano

Der Klassiker auf der Pizza, aber auch in anderen mediterranen Gerichten bezaubert mit seinem ganz besonderen Duft: Man fühlt sich sofort an sonnige Tage am Mittelmeer erinnert. Oregano enthält ätherische Öle sowie Gerb- und Bitterstoffe, die den Appetit anregen, den Fettabbau unterstützen und beruhigend auf einen gereizten Magen wirken. Die heilenden Eigenschaften des Krauts waren schon Hippokrates bekannt.

Petersilie

Sie ist der Klassiker schlechthin und ein echter Allrounder: Petersilie passt eigentlich immer! Sie ist nicht nur hierzulande, sondern in (fast) allen Küchen der Welt beliebt. Auch als Vitamin- und Mineralstoffbombe kann Petersilie punkten. Mit ihrem hohen Vitamin-C-Gehalt stärkt sie das Immunsystem, außerdem wirkt sie krampflösend und entzündungshemmend im Magen-Darm-Trakt. Erwiesen ist auch ihre antioxidative Wirkung, die chronische Erkrankungen verhindern oder lindern kann. Kurzum: Ob glatt oder kraus – das würzige Kraut verbessert den Gesundheitswert aller Gerichte, über die es gestreut wird.

Rosmarin

Rosmarin enthält viele ätherische Öle, die nicht nur mediterrane Grill- und Gemüsegerichte, Saucen und Salate lecker würzen, sondern auch die Verdauung optimieren. Die gesundheitsfördernden antibakteriellen und antiviralen Wirkungen – vor allem auch im Mund-Rachen-Raum – sind seit Jahrtausenden bekannt. Rosmarin fördert die Durchblutung und wirkt entspannend bei Muskelschmerzen, sein Duft fördert die Konzentration. Nicht nur als Heil-, auch als Zauberpflanze hat Rosmarin eine lange Traditon. Er steht seit alters für Freundschaft, Loyalität und Liebe. In geschützten Lagen im Garten kann aus der Pflanze auch ein Busch oder eine Hecke entstehen.

Salbei

Im Mittelalter kannte man die Redewendung: „Warum soll ein Mensch sterben, wenn Salbei in seinem Garten wächst?" So sehr wurden die Heilwirkungen des Krauts geschätzt. Mit seinem ätherischen Öl, Gerb- und Bitterstoffen wirkt Salbei antibiotisch und entzündungshemmend. Er regt den Stoffwechsel an, hilft bei Magenschmerzen, Husten und Halsweh und lindert Zahnfleischentzündungen.

Schnittlauch

Er ist ein Muss in jeder Küche, weil er zu allem passt, außer Süßspeisen. Schnittlauch ist mit Zwiebeln und Knoblauch verwandt, schmeckt aber milder. Schnittlauch hat einen hohen Gehalt an Vitamin C und A, er wirkt antibakteriell und hat eine blutzucker- und cholesterinsenkende Wirkung. Mit seiner leichten Schärfe regt er den Appetit und die Verdauung an. Die Stängel sollte man nicht hacken, sondern mit einem scharfen Messer in feine Röllchen schneiden.

Thymian

Schon die alten Ägypter, Griechen und Römer wussten Thymian mit seinem Geschmack und seiner Heilwirkung zu schätzen. Das aromatische Kraut, das vor allem in der mediterranen Küche beliebt ist, bekämpft Entzündungen, befreit die Atemwege und wirkt entkrampfend und schmerzlindernd bei Bauchweh. Außerdem regt Thymian mit seinen ätherischen Ölen die Verdauung an. In der Küche passt das würzige Kraut bestens zu schweren Gerichten, weil er die Fettverdauung unterstützt. Aber auch Suppen, Eintöpfen, Tomatensaucen und Gemüsegerichten gibt Thymian eine sommerliche, mediterrane Note. Getrockneter Thymian würzt kräftiger als frischer.

Mit Köpfchen auf Vorrat

Ein cleverer Vorrat ist ein wichtiger Baustein in der schnellen Küche. Denn: Aus einem soliden Grundstock an Lebensmitteln könnt ihr immer etwas zaubern, ohne vorher in den Supermarkt zu gehen. Wenn ihr für eure Vorräte gezielt größere Mengen einkauft, spart ihr außerdem richtig Geld.

Es lohnt sich auf jeden Fall, für Vorratskäufe regelmäßig die Angebote der Natur- und Supermärkte und Discounter zu checken. Dafür braucht ihr keine Briefkastenwerbung, die umweltschädlichen Papiermüll verursacht. Besser: spezielle Apps, die alle Angebote vergleichen und euch zeigen, wo gerade welche Lebensmittel im Angebot zu haben sind. Überlegt euch aber gut, ob ihr für ein paar Cent Ersparnis Supermarkt-Hopping betreiben müsst oder es nicht sogar günstiger und umweltfreundlicher ist, für einzelne Lebensmittel etwas mehr auszugeben (beispielsweise auch aus dem Reformhaus) dafür aber Fahrtkosten zu sparen und das Klima zu schonen. Geht lieber nur in einen oder zwei Läden oder auf den Wochenmarkt und kauft dort alles, was für den Vorrat sinnvoll ist. Dazu gehören natürlich Trockenwaren wie Nudeln, Couscous und Haferflocken, aber auch Konserven (Tomaten, Hülsenfrüchte), Kartoffeln, Äpfel, Zwiebeln und Knoblauch. Außerdem ist es praktisch, im Kühlschrank Pflanzendrinks oder Milch, Käse (Schnittkäse, Feta), Eier, Sahne und Butter oder Margarine vorrätig zu haben. Tiefkühl-Gemüse (pur) und tiefgekühlte Kräuter sind (nicht nur) für spontane Kochaktionen super Basics. Alles, was länger haltbar ist, könnt ihr gerne auch in etwas größeren Mengen einkaufen, wenn ihr den Platz dafür habt. Und bitte alles links liegen lassen, was zwar gerade günstig zu haben ist, was ihr aber nicht mögt.

Angebot an Frischware nutzen

Sonderangebote bei weniger haltbaren Lebensmitteln könnt ihr ebenfalls nutzen, denn Obst, Gemüse und Kräuter lassen sich auf verschiedene Weisen haltbar machen:

→ Kühlen

Die einfachste ist das Kühlen von frischem Obst und Gemüse. Zur Vorratshaltung eignet sich der Kühlschrank nur bedingt, dafür ist die Haltbarkeit dort nicht lang genug. Sehr wasserreiche Gemüse wie Tomaten oder Gurken sind im Kühlschrank nicht so gut aufgehoben, weil sie durch das Kühlen an Aroma verlieren.

→ Einfrieren

Hier halten sich Gemüse, Obst, Brot, Butter etc. einige Monate lang. Ein

Tiefkühlgerät braucht viel Strom, deshalb lohnt sich die Anschaffung nur, wenn ihr es intensiv nutzt und das Gerät nicht überdimensioniert ist. Als Faustregel gilt: Pro Person ist ein Volumen von 50 bis 80 Litern ausreichend. Übrigens könnt ihr auch in Schraubgläsern einfrieren, damit spart ihr Plastikverpackungen. Lasst dann noch etwas Luft im Glas, damit es nicht platzt. Gemüse solltet ihr vorbereiten, also klein schneiden und kurz blanchieren, bevor es wieder abgekühlt ins Tiefkühlgerät kommt. Weichkäse, besonders wasserhaltige Gemüsesorten und Kartoffeln eignen sich nicht zum Einfrieren. Das Tiefkühlgerät ist natürlich auch super zum Einfrieren von Vorgekochtem und Essensresten.

→ Trocknen

Kräuter wie Thymian, Salbei, Rosmarin und Minze könnt ihr im Bund aufgehängt einfach trocknen lassen. Sie eignen sich dann zum Würzen oder als Tee. Die Schalen von Bio-Zitrusfrüchten lassen sich auf der Heizung trocknen und ebenfalls als Tee aufbrühen.

CLEVER GELAGERT, LÄNGER HALTBAR GEMACHT.

Früh übt sich, wer ein Meister werden will

Damit kleine Leute zu großen, verantwortungsbewussten Menschen heranwachsen, kann die Basis für eine gute und umweltbewusste Ernährung nicht früh genug gelegt werden. Niemand behauptet, dass das einfach wäre. Unmöglich ist es aber nicht – vor allem, wenn man die Kids spielerisch einbezieht.

Blumenkohl und Brokkoli sind doof, Spinat ist uncool und Vollkornbrot bäh, dafür wird die Nussnugatcreme am liebsten direkt aus dem Glas gelöffelt und das Taschengeld in Gummibärchen investiert? Die Ernährungsvorlieben von Kindern decken sich selten mit dem, was gut und gesund ist. Die Verführungen in Supermärkten sind gigantisch. Umso wichtiger ist es, ihnen von Anfang an fröhlich und mit Humor voranzugehen und ein Bewusstsein dafür zu schaffen, wie Lebensmittel produziert werden, was das mit unserer Umwelt zu tun hat und wie wir selbst Einfluss nehmen können. Die Realität sieht leider oft anders aus. Heute lernen Kinder häufig gar nicht mehr in der Familie, wie Kochen überhaupt geht. Wie sollen sie erfahren, wie man sich umweltschonend und gesund ernährt, wenn sie mit Fertiggerichten, Chips und Burgerketten-Besuchen aufwachsen?
In eurer Familie können einige Regeln dabei helfen, das Thema gutes Essen immer wieder bewusst zu machen.

→ Zusammen essen

Legt Wert auf regelmäßige Mahlzeiten, bei denen alle – zumindest einmal am Tag – gemütlich an einem Tisch sitzen. Wenn Eltern, Kinder und vielleicht auch die Großeltern zusammenkommen, kann Kochen, Tischdecken und Essen zum echten Abenteuer mit Genuss werden.

→ Gemeinsam planen

Bezieht eure Kids möglichst oft in die Essensplanung, den Einkauf und das Kochen mit ein. Kinder haben meist großen Spaß daran, in der Küche mitzuhelfen. Schreibt mit ihnen zusammen die Einkaufsliste und nehmt sie mit zum Einkaufen, auch wenn die Gefahr besteht, dass sie in der Quengelzone anstrengend werden. Versucht dann einfach, entspannt und humorvoll zu reagieren. Zugegeben, das ist nicht leicht, das wissen wir von den eigenen Kindern und Enkeln. Ihr könnt mit ihnen das Warenangebot im Supermarkt checken und ihnen direkt zeigen, was man alles selbst machen kann. Denn die meisten Zutaten, die in einem Fertiggericht stecken, sind auch einzeln zu haben. Vielleicht seht ihr euch mit ihnen zusammen auch die Preise ähnlicher Produkte an, um das Preisbewusstsein zu schärfen. Lasst sie doch einfach auch mal vorlesen und rechnen. Das freut die Lehrer …

→ Bloß keine Tabus

Gleichzeitig sollten eure Kids aber auch wissen, dass Lebensmittel durchaus auch aus der Dose oder der Tiefkühltruhe kommen dürfen und nicht alles selbst gemacht sein muss. Brot und Brötchen, Nudeln, Joghurt und andere Milchprodukte: All das sind ohnehin Lebensmittel, die man schon fertig kauft und deren Herstellung zu Hause viel zu aufwendig wären. Macht also kein Dogma daraus. Wenn es mal eilt und schnell gehen muss, ist ein TK-Fertiggericht auch okay, es sollte nur nicht die Regel sein. Sprecht mit den Kindern aber darüber, dass Selbstgemachtes aus frischen Zutaten besser und preisgünstiger ist als das Fertiggericht. Erklärt ihnen, dass bei jedem Zubereitungsschritt wertvolle Inhaltsstoffe verloren gehen können und Obst, Gemüse und Kräuter sogar Heilwirkungen haben.

→ Wie ihr die Kids überzeugt

Kommt aber nie mit dem „Das ist aber gesund"-Argument. Kein Kind interessiert sich dafür, ob sein Essen gesund ist. Die meisten sind aber durchaus offen für Umweltfragen, die heute selbstverständlich auch Thema in der Schule und sogar im Freundeskreis sind. Setzt also an dieser Stelle an. Und da planetengesunde Ernährung auch menschengesunde Ernährung ist, liegt ihr damit immer richtig. Übrigens: Verzweifelt nicht, wenn eure Kinder erst einmal alles ablehnen, was sie nicht kennen. Da hilft kein Schimpfen und kein Zwang. Viel besser ist es, die Kleinen immer wieder neu anzuregen: Probier doch mal! Selbst wenn ein Kind etwas zehnmal nicht mag, kann es beim elften Mal klappen. Besser noch: Werdet kreativ und denkt euch immer mal wieder etwas Lustiges für die Kids aus. Macht zum Beispiel einfach witzige und individuelle Kompositionen der Gerichte auf dem Teller und in der Brotdose – so wie Anja es jeden Morgen mit sehr viel Liebe für ihren Sohn gestaltet.

Ran an die Töpfe!

Genug Theorie, jetzt geht's in der Küche weiter. Unsere einfachen Rezepte bieten Gesundheit mit Mehrwert fürs Klima und fürs Portemonnaie. Zusätzlich geben wir zu jedem Gericht noch nützliche Tipps. Blättert mal durch und sucht euch eure Favoriten aus.

Auf den folgenden Seiten findet ihr Rezepte für lauter Hauptgerichte, darunter auch viele Klassiker aus aller Welt. Es ist bestimmt auch für deinen Geschmack etwas dabei. Die Rezepte sind immer für zwei Personen konzipiert – ihr könnt die Zutatenmengen bei Bedarf leicht verdoppeln. Was immer ihr auswählt und selbst kocht, ist garantiert gesünder und besser für die Umwelt als jedes Fertigprodukt! Ab und zu haben wir in den Rezepten Fisch, Geflügel oder Eier verwendet. Zugegeben, das ist in Sachen Klima etwas schlechter als rein pflanzliche Gerichte und kostet auch etwas mehr. Dafür liefern diese Lebensmittel hochwertiges Eiweiß und andere wichtige Nährstoffe. Ihr seht, bei der Ernährung spielen viele Aspekte eine Rolle und es kommt auf die Balance des großen Ganzen an. Grundsätzlich sind wir beim Schreiben der Rezepte vier Prinzipien gefolgt:

Prinzip planetengesund

Wir berücksichtigen bei den Zutaten, dass sie in der jeweiligen Saison zusammen erhältlich sind. Wir verwenden keine Zutaten, die eine energieaufwendige weite Reise hinter sich haben, sondern bevorzugen heimische Lebensmittel. Nur ausnahmsweise kommen auch Zutaten mit einem etwas größeren CO_2-Fußabdruck vor, damit ihr die Bandbreite der kostengünstigen Küche ausschöpfen könnt. Zutaten mit einem sehr großen CO_2-Fußabdruck wie Rindfleisch haben wir bei den Rezepten nicht berücksichtigt.

Prinzip günstig

Unsere Rezepte kommen mit wenigen Zutaten aus. Oft müsst ihr nur 5 Zutaten frisch dazukaufen, wenn ihr über einen kleinen Basisvorrat verfügt. Wir haben versucht, uns auf eine bestimmte Auswahl an Lebensmitteln zu beschränken, sodass ihr keine exotischen Zutaten kaufen müsst, die nur sehr selten zum Einsatz kämen.

Prinzip schnell

Alle unsere Rezepte sind in maximal 30 Minuten fertig. Deshalb verwenden wir auch manchmal Lebensmittel wie Hülsenfrüchte oder Tomaten aus der Dose oder dem Glas. Wenn Vorbereireitungs- oder Backzeiten anfallen, dauert es zwar etwas länger, ist aber für euch nicht mit Arbeitsaufwand verbunden. Nur etwas Planung ist notwendig – die eigentliche Zubereitung der Gerichte geht immer schnell.

Prinzip gesund

Wir verwenden in unseren Rezepten viele frische Zutaten und nur Lebensmittel, die ein gutes Nährwertspektrum haben. Ihr könnt also sicher sein, dass ihr optimal mit gutem Eiweiß, verdauungsfördernden Ballaststoffen, langsamen Kohlenhydraten und allen wichtigen Vitalstoffen versorgt werdet.

Die Balken bei den Rezepten

Damit ihr auf einen Blick seht, in welchem Bereich (Preis, Zeit, Ökobilanz) ein Rezept besonders punktet, haben wir ein Balkensystem entwickelt und dabei jeweils Punkte von 1 bis 10 vergeben. Die Rezepte erreichen in allen Kategorien mindestens 5 Punkte! Manche schneiden beim Preis besonders gut ab, benötigen dafür aber etwas mehr Zeit. Im Einzelnen bedeuten die Skalen:

Preis pro Portion 1 5 10

Die Preise beziehen sich auf durchschnittliche Preise im Supermarkt und wurden im Frühjahr 2023 ermittelt. Preisschwankungen sind daher möglich.

10 = 2,00 €
9 = 2,50 €
8 = 3,00 €
7 = 3,50 €
6 = 4,00 €
5 = 4,50 €

Schnell 1 5 10

Die Angaben beziehen sich auf die reine Arbeitszeit. Warte- oder Backzeiten werden bei den Rezepten extra angegeben

10 = 20 Min. oder weniger
9 = 25 Min.
8 = 30 Min.
7 = 35 Min.
6 = 40 Min.
5 = 45 Min. (und Rezepte die samt Warte- oder Backzeit 45 Min. oder mehr brauchen)

Klima 1 5 10

Hier lassen sich keine konkreten Zahlen beziffern, denn der CO_2-Verbrauch eines Lebensmittels hängt von zu vielen Faktoren ab. Zum Beispiel: Wo kommt ein Lebensmittel her? Stammt es aus Bio- oder konventionellem Anbau, aus dem Gewächshaus oder aus dem Freiland? Ist es per Lkw, Schiff oder Flugzeug transportiert worden oder stammt es vom Bauern nebenan? Ist es gekühlt, tiefgekühlt oder in einem Klimalager gelagert worden? Wie ist es verpackt? Hat es gerade Saison? Wart ihr mit dem Auto einkaufen?

Pluspunkte auf dem Klimakonto gibt es für: pflanzliche Lebensmittel, heimische Lebensmittel, wenig Verpackung

Minuspunkte auf dem Klimakonto gibt es für: tierische Lebensmittel, pflanzliche Lebensmittel mit langem Transportweg, pflanzliche Lebensmittel mit hohem Wasserbedarf, viel Verpackung.

Spinat-Couscous con Curry-Ei

Für 2 Portionen
Zubereitungszeit: ca. 20 Min.

ZUTATEN

2 EL Rosinen
150 g Vollkorn-Couscous
1 kleine Zwiebel
1 Knoblauchzehe
400 g junger Blattspinat
je ½ Bund Petersilie und Minze
2 EL Olivenöl
Salz, Pfeffer
½ TL Currypulver
2 Eier (Größe M)

PRO PORTION

ca. 510 kcal, 23 g EW, 19 g F, 62 g KH

1. Die Rosinen grob hacken. 350 ml Wasser im Wasserkocher aufkochen. Couscous und Rosinen in einer Schüssel mischen, mit dem kochenden Wasser übergießen und abgedeckt ca. 5 Minuten ziehen lassen, dabei zwischendurch einmal umrühren.

2. Zwiebel und Knoblauch schälen und fein würfeln. Spinat verlesen, waschen und abtropfen lassen. Kräuter waschen, trocken schütteln, die Blätter von den Stielen zupfen und hacken. 1 EL Öl in einer Pfanne erhitzen, Zwiebel und Knoblauch darin andünsten. Spinat dazugeben und 2–3 Minuten unter Rühren zusammenfallen lassen. Mit Salz und Pfeffer würzen.

3. 1 EL Öl in einer kleinen Pfanne erhitzen. Das Currypulver darin kurz andünsten. Eier in die Pfanne schlagen und zu Spiegeleiern braten, mit Salz und Pfeffer würzen. Couscous mit einer Gabel auflockern. Spinat und Kräuter unterheben. Couscous mit Salz und Pfeffer abschmecken. Mit den Curry-Spiegeleiern anrichten.

GRÜN GEWINNT

Ich finde, Kräuter kann man gar nicht genug verwenden. Sie sind reich an gesundheitsfördernden Stoffen wie ätherischen Ölen, die unsere Verdauung unterstützen, Mineralstoffen und Spurenelementen wie Kalium, Vitamin C und sekundären Pflanzenstoffen, die unsere Zellen gesund halten. Besonders preiswert und klimafreundlich sind selbst angebaute Kräuter von der Fensterbank, vom Balkon oder aus dem Garten.

Kartoffelsuppe mit Knusper-Kichererbsen

Für 2 Portionen
Zubereitungszeit: ca. 35 Min.

ZUTATEN

1 Dose Kichererbsen (220 g Abtropfgewicht)
3 EL Rapsöl
1 TL edelsüßes Paprikapulver (oder geräuchertes Paprikapulver)
Salz, Pfeffer
1 kleine Stange Lauch
100 g Knollensellerie
1 Möhre
400 g mehligkochende Kartoffeln
1 TL getrockneter Majoran
1 Lorbeerblatt
50 ml Schlagsahne oder pflanzliche Alternative

PRO PORTION

ca. 540 kcal, 16 g EW, 26 g F, 59 g KH

1. Den Backofen auf 225 °C (200 °C Umluft) vorheizen. Die Kichererbsen in ein Sieb abgießen, kalt abspülen, abtropfen lassen und sehr gut trocken tupfen. Mit 2 EL Öl, Paprikapulver und ca. ½ TL Salz mischen.

2. Die Kichererbsen auf einem mit Backpapier belegten Backblech ausbreiten und im heißen Ofen 15–18 Minuten knusprig backen, dabei das Blech einmal gut durchrütteln.

3. Inzwischen Lauch, Sellerie und Möhre putzen, waschen und grob klein schneiden. Die Kartoffeln schälen, waschen und grob würfeln. Übriges Öl in einem Topf erhitzen. Das Gemüse darin unter Wenden kurz andünsten. Majoran dazugeben. 600 ml Wasser angießen, Lorbeerblatt hinzufügen, alles aufkochen und mit Salz und Pfeffer würzen. Zugedeckt bei mittlerer Hitze ca. 15 Minuten köcheln lassen.

4. Die Suppe vom Herd nehmen, das Lorbeerblatt entfernen. Die Suppe fein pürieren, dabei am Ende die Sahne dazugeben. Die Suppe mit Salz und Pfeffer abschmecken und in tiefen Tellern oder Suppentassen anrichten. Jeweils ca. 1 EL Kichererbsen daraufgeben. Die übrigen Kichererbsen extra dazu reichen.

DECKEL DRAUF

Diesen Rat befolge ich immer, denn Kochen im geschlossenen Topf schont nicht nur die Nährstoffe der Zutaten, es spart auch Zeit und damit wertvolle Energie. Mit einem gut schließenden Deckel kochen z. B. 1 1/2 l Wasser dreimal schneller als ohne – und entsprechend niedriger ist der Energieverbrauch.

Porridge spricht Italienisch

Für 2 Portionen
Zubereitungszeit: ca. 10 Min. (+ 25 Min. Backzeit)

ZUTATEN

75 g zarte Haferflocken
1 TL getrockneter Oregano
Salz, Pfeffer
200 g stückige Tomaten (Dose)
2 EL Olivenöl
1 Kugel Mozzarella (125 g)
1 kleine Zwiebel
1 Knoblauchzehe
500 g junger Spinat
2 EL Pinienkerne
Fett für die Form

PRO PORTION

ca. 460 kcal, 28 g EW, 25 g F, 30 g KH

1. Den Backofen auf 200 °C (180 °C Umluft) vorheizen. Eine Auflaufform (ca. 25 x 15 cm; ca. 1,2 l Inhalt) einfetten. Haferflocken, Oregano, ½ TL Salz, etwas Pfeffer, Tomaten, 50 ml Wasser und 1 EL Olivenöl verrühren.

2. Die Masse in die Form füllen und glatt streichen. Den Mozzarella trocken tupfen, in dünne Scheiben schneiden und den Porridge damit belegen. Im heißen Ofen 20–25 Minuten backen.

3. Inzwischen Zwiebel und Knoblauch schälen und fein würfeln. Spinat verlesen, eventuell grobe Stiele entfernen, waschen und abtropfen lassen. Pinienkerne in einer Pfanne ohne Fett goldbraun rösten, herausnehmen.

4. Übriges Öl in der Pfanne erhitzen. Zwiebel und Knoblauch darin andünsten. Spinat dazugeben und unter Rühren 2–3 Minuten zusammenfallen lassen. Mit Salz und Pfeffer würzen.

5. Porridge aus dem Ofen nehmen. Den Spinat darauf anrichten. Mit Pinienkernen bestreut servieren.

KLEINE KRAFTPAKETE

Die unscheinbaren Haferflocken habe ich für mich wiederentdeckt – und das nicht nur im Müsli. Denn Hafer ist ein echtes Superfood – klimafreundlich, preiswert und gesund! Er liefert langsame Kohlenhydrate und Ballaststoffe, die den Blutzuckerspiegel stabil halten und lange satt machen. Mit gut 13 g Eiweiß pro 100 g zählt Hafer zudem zu den eiweißreicheren Getreidesorten.

HEIMISCHES SUPERFOOD

Was gilt im Ausland als typisch deutsch? Sauerkraut! Unsere Omas haben es früher noch selbst gemacht. Das ist auch gar nicht so schwer, denn Sauerkraut ist nichts anderes als fermentierter Weißkohl, der dadurch haltbar gemacht wurde. Im Sinne der Nachhaltigkeit ist diese Art von Einmachen ja wieder ganz aktuell. Da weiß man, was man kriegt, und gesund – besonders für den Darm – ist das Kraut auch noch.

Kartoffelpuffer lieben Sauerkraut

Für 2 Portionen
Zubereitungszeit: ca. 40 Min.

ZUTATEN

Für die Puffer

500 g vorwiegend festkochende Kartoffeln
1 Ei (Größe M), 1 EL Mehl
1 TL mittelscharfer Senf
Salz, Pfeffer
1 Bund Schnittlauch
2 EL Rapsöl

Für den Salat

250 g frisches Sauerkraut
2 Lauchzwiebeln
1 große Möhre
1 kleiner rotschaliger Apfel
100 g griech. Joghurt
1 TL flüssiger Honig
1 TL Rapsöl
Salz, Pfeffer
25 g geröstete Walnüsse

PRO PORTION

ca. 655 kcal, 17 g EW, 33 g F, 70 g KH

1. Die Kartoffeln waschen und mit Wasser bedeckt ca. 20 Minuten garen. Inzwischen für den Salat das Kraut in einem Sieb gut abtropfen lassen. Die Lauchzwiebeln putzen, waschen und in feine Ringe schneiden. Den hellen Teil unter den Salat mischen, den dunkleren Teil als Deko über den fertigen Salat streuen. Die Möhre putzen, schälen und grob raspeln. Den Apfel waschen, vierteln, entkernen und quer in schmale Scheiben schneiden.

2. Joghurt, Honig und Öl zu einem Dressing verrühren, mit Salz und Pfeffer würzen. Alle vorbereiteten Salatzutaten mischen. Die Walnüsse grob hacken und über den Salat streuen. Den Salat zugedeckt ziehen lassen.

3. Die Kartoffeln abgießen, kurz ausdampfen lassen, pellen und mit einem Kartoffelstampfer grob zerkleinern. Ei, Mehl, Senf, 1 TL Salz und etwas Pfeffer dazugeben und alles zu einer Masse verkneten. Den Schnittlauch waschen, trocken schütteln, in schmale Röllchen schneiden und unterkneten.

4. Aus der Masse 4 Bratlinge formen. Das Öl in einer beschichteten Pfanne erhitzen und die Bratlinge darin bei mittlerer Hitze auf jeder Seite 5–6 Minuten goldbraun braten. Mit dem Salat servieren.

Rosenkohlpasta mit Walnüssen

Für 2 Portionen
Zubereitungszeit: ca. 25 Min.

ZUTATEN

30 g Walnusskerne
350 g Rosenkohl
1 kleine Zwiebel
1 EL Olivenöl
1 TL getrockneter Thymian
1 EL Mehl
100 g Gemüsebrühe
100 g Schlagsahne oder Hafercreme
200 g Vollkornnudeln (z. B. Farfalle)
Salz
½ Bio-Zitrone
Pfeffer, geriebene Muskatnuss

PRO PORTION

ca. 670 kcal, 26 g EW, 28 g F, 76 g KH

1. Die Walnüsse in einer Pfanne ohne Fett anrösten, herausnehmen und grob hacken. Den Rosenkohl putzen, waschen und die Röschen je nach Größe halbieren oder vierteln. Die Zwiebel schälen und fein würfeln.
Das Öl in der Pfanne erhitzen. Rosenkohl darin unter Rühren ca. 5 Minuten kräftig anbraten. Zwiebel und Thymian dazugeben und kurz mitbraten. Mit Mehl bestäuben, kurz anschwitzen. Brühe und Sahne angießen, aufkochen und zugedeckt bei mittlerer Hitze ca. 8 Minuten köcheln lassen, bis der Rosenkohl bissfest ist.

2. Inzwischen die Nudeln in Salzwasser nach Packungsanweisung garen. Die Zitrone heiß waschen und die Schale fein abreiben. Saft auspressen.

3. Die Sauce mit Zitronenschale und 1–2 TL Zitronensaft, Salz, Pfeffer und 1 Prise Muskat abschmecken. Die Nudeln abgießen, gut abtropfen lassen und mit der Sauce mischen. Mit Walnüssen bestreuen und servieren.

FUTTER FÜR DIE NERVEN

Walnüsse sorgen hier nicht nur für Biss, sondern sind auch gut für die Gehirnleistung, da sie viele ungesättigte Fettsäuren enthalten. Aber man sollte unbedingt auf die Herkunft achten. Ein Großteil der im Handel angebotenen Ware kommt aus Kalifornien, wo die Bäume regelmäßig bewässert werden müssen. Eine klimafreundlichere Wahl sind deshalb Walnüsse von nebenan.

Express-Erbsensuppe

Für 2 Portionen
Zubereitungszeit: ca. 25 Min.

ZUTATEN

1 mehligkochende Kartoffel
300 g TK-Erbsen
300 ml Gemüsebrühe
Salz, Pfeffer
30 g Butter oder Margarine
geriebener Parmesan, nach Belieben

PRO PORTION

ca. 320 kcal, 14 g EW, 16 g F, 31 g KH

1. Die Kartoffel schälen, waschen und in grobe Würfel schneiden. Zusammen mit den gefrorenen Erbsen, der Gemüsebrühe, Salz und Pfeffer in einen Topf geben. Alles aufkochen und zugedeckt bei schwacher Hitze ca. 20 Minuten köcheln lassen.

2. Den Topf vom Herd nehmen und die Butter zur Suppe geben. Die Suppe mit dem Stabmixer fein pürieren und leicht aufschäumen, mit Salz und Pfeffer abschmecken. Die Erbsensuppe nach Belieben mit Parmesan bestreut servieren.

SO SCHMECKT'S AUCH

Wir sind echte Suppen-Fans. Diese Erbsensuppe steht bei uns regelmäßig auf dem Tisch. Die frische grüne Farbe sorgt per se schon für gute Laune. Und Kinder lieben die feine Süße der Hülsenfrüchte. Was Erbsen sonst noch können? Sie stärken die Nerven und helfen gegen Müdigkeit. Übrigens: Wenn noch Suppe übrig bleibt, kann sie eingefroren oder kalt als Dip mit Brot gegessen werden.

Sellerieschnitzel im Brötchen

Für 2 Portionen
Zubereitungszeit: ca. 30 Min.

ZUTATEN

½ kleine Sellerieknolle (ca. 400 g)
Salz
2 TL Zitronensaft
Pfeffer
2–3 TL Senf
5 EL Vollkornsemmelbrösel
2 EL Öl
1 Römersalatherz
¼ Salatgurke
3 getrocknete Tomaten (in Öl)
2 TL Kapern
50 g (vegane) Mayonnaise
2 EL gehackte Petersilie
2 längliche Vollkornbrötchen (à 75 g)

PRO PORTION

ca. 520 kcal, 10 g EW, 33 g F, 45 g KH

1. Für die „Schnitzel" den Sellerie putzen, schälen und in möglichst gleichmäßige 1 cm breite Scheiben schneiden. Die Scheiben in wenig Salzwasser ca. 3 Minuten vorkochen. Herausnehmen, abtropfen lassen, mit Zitronensaft beträufeln, salzen und pfeffern. Die Scheiben von beiden Seiten dünn mit Senf bestreichen und in Paniermehl wenden. Die Panade etwas andrücken. Das Öl in einer großen Pfanne erhitzen. Die Sellerieschnitzel darin bei mittlerer Hitze auf jeder Seite 5–6 Minuten goldbraun braten und auf Küchenpapier abtropfen lassen.

2. Inzwischen den Salat putzen, in Blätter teilen, waschen und trocken schütteln. Die Gurke putzen, waschen und in schmale Scheiben hobeln oder schneiden. Die Tomaten gut abtropfen lassen, mit Küchenpapier abtupfen und in kleine Würfel schneiden. Die Kapern ebenfalls gut abtropfen lassen und hacken. Die vegane Mayonnaise mit Tomaten, Kapern und Petersilie verrühren, mit Salz und Pfeffer abschmecken.

3. Die Brötchen aufschneiden und die Schnittflächen jeweils mit etwas Mayonnaise bestreichen. Die unteren Hälften mit Salatblättern belegen und die Sellerieschnitzel darauflegen. Die Gurkenscheiben darauf verteilen und die oberen Brötchenhälften darauflegen. Die übrige Mayonnaise dazu servieren.

HAUPTSACHE GEMÜSE

Wer gerne mal zum Hamburger greift so wie ich, aber auf Fleisch verzichten will, sollte mal diese vegetarische Variante probieren. Drei Portionen Gemüse am Tag empfiehlt die Deutsche Gesellschaft für Ernährung (DGE). Das fällt vielen Menschen schwer. Mit diesem „Schnitzel"-Brötchen wird Gemüse-Essen leicht gemacht und der Genuss kommt dabei auch nicht zu kurz.

Linsencurry trifft Spinat

Für 2 Portionen
Zubereitungszeit: ca. 25 Min.

ZUTATEN

125 g rote Linsen
1 kleine Zwiebel
1 Knoblauchzehe
1 walnussgroßes Stück Ingwer
2 EL Öl, 1 TL Currypulver
200 g Kokosmilch
½ Dose stückige Tomaten (200 g)
2 EL geröstete Cashewkerne
500 g junger Blattspinat
Salz, Pfeffer
1–2 TL Zitronensaft

PRO PORTION

ca. 570 kcal, 28 g EW, 22 g F, 39 g KH

1. Die Linsen in einem Sieb abspülen und abtropfen lassen. Zwiebel, Knoblauch und Ingwer schälen und fein würfeln. 1 EL Öl in einem Topf erhitzen, die Zwiebel darin unter Rühren ca. 5 Minuten andünsten. Den Knoblauch und Ingwer dazugeben und kurz mitdünsten. Currypulver dazugeben und kurz anrösten, bis es duftet. Die Linsen unterrühren. Kokosmilch, Tomaten und 50 ml Wasser dazugeben, aufkochen und ca. 12 Minuten garen. Dabei ab und zu umrühren.

2. Kurz vor Ende der Garzeit Cashewkerne in einer Pfanne ohne Fett rösten. Spinat verlesen, waschen und gut abtropfen lassen. Grobe Stiele entfernen. 1 EL Öl in einer Pfanne erhitzen. Spinat hinzufügen und unter Rühren 1–2 Minuten zusammenfallen lassen. Mit Salz, Pfeffer und Zitronensaft würzen.

3. Das Curry mit Salz und Pfeffer abschmecken und in Schalen anrichten. Den Spinat darauf verteilen und mit Cashewkernen bestreuen.

EXOTISCHER GENUSS

Kokosnüsse wachsen leider nicht bei uns im Wald. Die daraus gewonnene Kokosmilch hat deshalb einen langen Transportweg hinter sich, bis sie bei uns im Supermarkt steht. Deshalb bewusst genießen und beim Kauf auf Produkte mit Bio- und Fairtrade-Siegel achten. Die verkürzen zwar nicht die Transportwege, garantieren aber zumindest umweltverträglichere Anbau- und Verarbeitungsmethoden in den Herkunftsländern und bessere Arbeitsbedingungen.

Grönis Gemüse-Pfannkuchen

Für 2 Portionen
Zubereitungszeit: ca. 30 Min.

ZUTATEN

Für den Pfannkuchen
300 g Spitzkohl
1 große Möhre
3 Lauchzwiebeln
4 Eier (Größe M)
Salz, Pfeffer
1–2 EL Milch oder Pflanzendrink
100 g Mehl
¼ TL Backpulver
2 EL Öl

Für den Salat
1 kleiner Kopfsalat
50 g Joghurt
1 EL Crème fraîche
1 EL Weißweinessig
3 TL Olivenöl
2 EL gehackte Kräuter (frisch oder TK)
Salz, Pfeffe, 1 Prise Zucker

PRO PORTION

ca. 620 kcal, 27 g EW, 35 g F, 50 g KH

1. Für den Pfannkuchen den Kohl putzen, waschen und in schmalen Streifen vom Strunk schneiden. Die Möhre putzen, schälen und grob raspeln. Lauchzwiebeln putzen, waschen und in schmale Ringe schneiden. Die Eier verquirlen. Salz, Pfeffer, Milch, Mehl und Backpulver unterrühren, sodass ein dickflüssiger Teig entsteht. Gemüse dazugeben und mit einem Kochlöffel gut untermischen.

2. Das Öl in einer beschichteten Pfanne (26 cm Durchmesser) erhitzen. Die Masse darin verteilen, leicht andrücken und ca. 4 Minuten braten. Pfannkuchen am Rand der Pfanne lösen. Einen großen Topfdeckel oder Teller auf die Pfanne legen. Pfanne samt Deckel oder Teller schwungvoll umdrehen und den Pfannkuchen wieder zurück in die Pfanne gleiten lassen. Erneut ca. 4 Minuten braten.

3. Inzwischen für den Salat Kopfsalat putzen, waschen, trocken schleudern und in Stücke zupfen. Für das Dressing Joghurt, Crème fraîche, Essig und Öl mit einem Schneebesen glatt rühren. Kräuter unterrühren. Mit Salz, Pfeffer und 1 Prise Zucker abschmecken. Salat und Dressing mischen. Den Pfannkuchen aus der Pfanne nehmen, vierteln und mit dem Salat servieren.

KLEINE KRAFTPAKETE

Auch wenn nicht gerade Ostern ist: Eier gehören auf unseren Speiseplan. Denn sie sind gesund, enthalten jede Menge hochwertiges Eiweiß, wenig Kohlenhydrate und darüber hinaus alle acht lebenswichtigen Aminosäuren, die unser Körper nicht selbst bilden kann. Die alte Mär, dass Eier den Cholesterinspiegel in die Höhe treiben, ist heute widerlegt.

Grünes Thai-Gemüsecurry

Für 2 Portionen
Zubereitungszeit: ca. 25 Min.

ZUTATEN
2 EL Öl
150 g Basmatireis
2 EL Erdnusskerne
Salz
2 Frühlingszwiebeln
50 g Mungobohnensprossen
3 Stiele Basilikum
2–3 TL grüne Thai-Currypaste
1 kleine Dose Kokosmilch (200 g)
125 g TK-grüne Bohnen
100 g TK-Erbsen
½ TL Zucker
1–2 TL Limettensaft

PRO PORTION
ca. 715 kcal, 19 g EW, 39 g F, 70 g KH

1. 1 EL Öl in einem Topf erhitzen. Reis und Erdnüsse darin unter Wenden 2–3 Minuten anrösten. 300 ml Wasser und 1 TL Salz dazugeben, aufkochen und nach Packungsanweisung garen.

2. Inzwischen für das Curry die Frühlingszwiebeln putzen, waschen und in feine Ringe schneiden. Sprossen heiß abbrausen und abtropfen lassen. Basilikum waschen und trocken schütteln. 1 EL Öl in einem Topf erhitzen. Weißen Teil der Frühlingzwiebeln darin andünsten. Currypaste dazugeben und 1–2 Minuten unter Rühren anschwitzen. Kokosmilch und 200 ml Wasser angießen. Das Basilikum hinzufügen und alles aufkochen. Tiefgekühlte Bohnen und Erbsen dazugeben und alles 8–10 Minuten köcheln lassen.

3. Die Sprossen zum Curry geben und kurz erwärmen. Curry mit Salz, Zucker, Limettensaft und nach Belieben noch etwas Currypaste abschmecken. Mit Frühlingszwiebelgrün bestreuen und mit dem Erdnuss-Reis servieren.

EISKALTER VORTEIL
Grünzeug sollte auch im Winter häufig auf dem Speiseplan stehen. Da ist TK-Ware eine gute Wahl. Trotz des Energieverbrauchs beim Einfrieren hat es eine bessere Klimabilanz als von weit her transportierte oder in Gewächshäusern angebaute Bohnen oder Erbsen. Am besten ist natürlich immer frisches Gemüse aus der Region. Alternativen sind hier Brokkoli und Zucchini.

WACHMACHER

Warum wir Hirse so gerne mögen: Sie ist reich an Eisen, das sonst vor allem in tierischen Lebensmitteln vorkommt. In Kombination mit dem Vitamin C und den Ballaststoffen aus Kohl und Tomaten kann der Körper es optimal aufnehmen. Eisen trägt zur Bildung von roten Blutkörperchen und Hämoglobin bei und unterstützt den Sauerstofftransport im Körper. Das wirkt belebend.

Rouladen mal ganz anders

Für 2 Portionen
Zubereitungszeit: ca. 45 Min.

ZUTATEN

8 große Blätter Chinakohl
175 g Hirse, Salz
1 Zwiebel, 1 Knoblauchzehe
1 EL Olivenöl
1 TL getrockneter Oregano
1 Dose stückige Tomaten (400 g)
200 ml Gemüsebrühe
Pfeffer, Zucker
80 g Schlagsahne oder Sojacreme
½ Bund Petersilie
100 g Feta (Schafskäse)

PRO PORTION

ca. 660 kcal, 23 g EW, 31 g F, 72 g KH

1. Chinakohlblätter in kochendem Wasser 2–3 Minuten garen, bis sie biegsam werden. Mit einem Schaumlöffel herausheben, kalt abschrecken und gut abtropfen lassen. Auf einem sauberen Küchentuch ausbreiten. Dicke Blattrippen flacher schneiden. Die Hirse in kochendem Salzwasser nach Packungsanweisung garen.

2. Für die Sauce Zwiebel und Knoblauch schälen und fein würfeln. Das Öl in einem Topf erhitzen, Zwiebel und Knoblauch darin andünsten. Oregano dazugeben. Tomaten und Gemüsebrühe hinzufügen, mit Salz, Pfeffer und 1 Prise Zucker würzen, aufkochen und ca. 10 Minuten köcheln lassen. Die Sauce vom Herd nehmen, die Sahne dazugießen, alles fein pürieren und eventuell mit etwas Salz und Pfeffer abschmecken.

3. Petersilie waschen, trocken schütteln, die Blätter von den Stielen zupfen und hacken. Den Feta zerbröckeln. Die Hirse abgießen und gut abtropfen lassen. Petersilie und Feta untermischen. Die Masse mit Salz und Pfeffer abschmecken und abkühlen lassen.

4. Je 1 gehäuften EL Füllung mit angefeuchteten Händen zu einem Röllchen zusammendrücken und auf die Kohlblätter geben. Die Seiten zur Mitte einschlagen, das untere Blattende über die Füllung schlagen und fest einrollen. Rouladen mit Küchengarn verschnüren. Die Rouladen in die Sauce legen und zugedeckt bei mittlerer Hitze ca. 20 Minuten garen. Dann mit der Sauce und der übrigen Hirse anrichten.

Arme Ritter mit Möhrensalat

Für 2 Portionen
Zubereitungszeit: ca. 25 Min.

ZUTATEN

50 g mittelalter Gouda
2 Eier
50 ml Milch oder ungesüßter Pflanzendrink
Salz, Pfeffer
1 Msp. geriebene Muskatnuss
2 Scheiben Brot vom Vortag (à 50 g)
250 g Möhren
1 Apfel
¼ Bund Petersilie
3 TL + 1 EL Rapsöl
2–3 TL Zitronensaft

PRO PORTION

ca. 525 kcal, 19 g EW, 28 g F, 48 g KH

1. Den Käse fein reiben oder im Blitzhacker zerkleinern. Eier, Milch, ¼ TL Salz, Pfeffer und Muskat verquirlen. Die Brotscheiben in eine Auflaufform legen und die Eiermilch darüber verteilen. Die Brotscheiben ca. 10 Minuten ziehen lassen, dabei nach der Hälfte der Zeit wenden.

2. Inzwischen für den Salat Möhren putzen und schälen. Apfel waschen, vierteln und entkernen. Beides grob raspeln. Petersilie waschen, trocken schütteln, die Blätter von den Stielen zupfen und fein hacken. 3 TL Öl, Zitronensaft, Salz und Pfeffer zu einem Dressing verrühren. Mit Möhren, Apfel und Petersilie mischen.

3. 1 EL Öl in einer beschichteten Pfanne erhitzen. Die Brotscheiben darin bei mittlerer Hitze auf jeder Seite 2–3 Minuten goldbraun braten. Arme Ritter mit Salat anrichten.

HEISSE SCHNITTCHEN

Die goldbraunen Brotscheiben und der milde Salat kommen auch bei Kindern gut an. Schulkinder können hier auch schon gut mithelfen und beispielsweise die Eiermilch mit dem Schneebesen verquirlen, die Brotscheiben darin wenden, Möhren und Apfel raspeln oder das Dressing anrühren.

Gemüse-Paella mit Hähnchen

Für 2 Portionen
Zubereitungszeit: ca. 35 Min. (+ 10 Min. Wartezeit)

ZUTATEN

1 kleine Zwiebel
1 Knoblauchzehe
1 rote Paprikaschote
1 mittelgroße Zucchini
150 g Hähnchenbrustfilet
2 EL Olivenöl
Salz, Pfeffer
150 g Paella- oder Risottoreis
1 TL gemahlene Kurkuma
½ TL edelsüßes Paprikapulver
600 ml Gemüsebrühe
150 g Cocktailtomaten
50 g schwarze Oliven (z. B. Kalamata)

PRO PORTION

ca. 615 kcal, 32 g EW, 21 g F, 73 g KH

1. Zwiebel und Knoblauch schälen und fein würfeln. Das Gemüse putzen, waschen und klein schneiden. Das Hähnchenbrustfilet waschen, trocken tupfen und in ca. 2 cm große Würfel schneiden.

2. 1 EL Öl in einer Pfanne erhitzen. Das Hähnchenfleisch darin unter Rühren ca. 5 Minuten kräftig anbraten, mit Salz und Pfeffer würzen und herausnehmen. Übriges Öl im Bratenfett erhitzen.

3. Zwiebel und Knoblauch darin andünsten. Das Gemüse dazugeben und unter Rühren ca. 5 Minuten anbraten. Den Reis untermischen und kurz andünsten, die Gewürze unterrühren. Die Brühe angießen und kurz aufkochen. Mit Salz und Pfeffer würzen. Dann offen bei schwacher Hitze ca. 20 Minuten köcheln lassen, bis der Reis die Flüssigkeit aufgenommen hat.

4. Die Tomaten waschen und halbieren. Oliven abtropfen lassen. Nach Ende der Garzeit Hähnchenfleisch unter den Reis mischen, Tomaten und Oliven darauf verteilen. Die Paella zugedeckt auf dem ausgeschalteten Herd ca. 10 Minuten ruhen lassen. Paella mit Salz und Pfeffer abschmecken und servieren.

JETZT WIRD'S VEGGIE/VEGAN

Auch ohne Fleisch schmeckt mir die Paella. Vegetarisch wird sie mit 150 g Mini-Mozzarellabällchen: mit Tomaten und Oliven auf den Reis geben. Für eine vegane Variante 80 g Cashewkerne in einer Pfanne ohne Fett rösten und unter die fertige Paella heben.

MEAL PREP

Das Chili schmeckt auch ohne Fleisch echt gut. Davon sollte man am besten gleich die doppelte Menge zubereiten und auf Vorrat kalt stellen oder einfrieren. So steht bei Zeitmangel schnell eine gesunde Mahlzeit auf dem Tisch – und wie alle Eintöpfe schmeckt auch dieser hier aufgewärmt fast noch besser. Auch als Nudelsauce ist das Chili super.

Anjas Chili sin Carne

Für 2 Portionen
Zubereitungszeit: ca. 30 Min.

ZUTATEN

1 Zwiebel
je 1 rote und gelbe Paprikaschote
3 EL Olivenöl
1 Dose Kidneybohnen-
(240 g Abtropfgewicht)
1 kleine Dose Mais
(140 g Abtropfgewicht)
1 ½ Dosen stückige Tomaten
(ca. 600 g)
1 TL edelsüßes Paprikapulver
1 Msp. gemahlener Kreuzkümmel
½ TL getrockneter Oregano
125 g TK-Erbsen
1 Knoblauchzehe
2–3 TL Zitronensaft
1 gehäufter EL saure Sahne (ca. 25 g)
Salz, Pfeffer
2 EL gehackter Koriander oder
Petersilie

PRO PORTION

ca. 505 kcal, 20 g EW, 21 g F, 54 g KH

1. Zwiebel schälen und würfeln. Paprika putzen, entkernen, waschen und würfeln. 2 EL Öl in einem Topf erhitzen, beides darin andünsten. Bohnen und Mais in ein Sieb abgießen, kalt abspülen und abtropfen lassen. Beides mit Tomaten, Gewürzen und Oregano in den Topf geben, aufkochen und ca. 15 Minuten köcheln lassen. Dabei ab und zu umrühren.

2. Inzwischen Erbsen mit kochendem Wasser übergießen, 2–3 Minuten ziehen lassen, dann abgießen und abtropfen lassen. Knoblauch schälen und halbieren. Erbsen, Knoblauch, 1 EL Öl, Zitronensaft und saure Sahne mit dem Stabmixer pürieren. Mit Salz und Pfeffer abschmecken.

3. Das Chili mit Salz und Pfeffer abschmecken. Zum Servieren mit jeweils etwas Erbsendip anrichten und mit den Kräutern bestreuen.

Gemüse-Brot-Auflauf

Für 2 Portionen
Zubereitungszeit: ca. 20 Min. (+ 25 Min. Backzeit)

ZUTATEN

250 g Brot vom Vortag
(z. B. Vollkornbaguette)
1 kleine Stange Lauch
1 rote Spitzpaprika
½ Bund Petersilie
Salz, Pfeffer
1 EL Öl, 2 Eier (Größe M)
75 g Schmand (20 % Fett)
100 ml Milch oder ungesüßter
Pflanzendrink
½ TL mittelscharfer Senf
geriebene Muskatnuss
30 g geriebener Gouda
Fett für die Form

PRO PORTION

ca. 630 kcal, 28 g EW, 29 g F, 65 g KH

1. Das Brot in ca. 2 cm große Würfel schneiden. Eine flache Auflaufform (ca. 25 x 15 cm) einfetten und die Brotwürfel darin verteilen. Den Lauch putzen, waschen, längs halbieren und in schmale Scheiben schneiden. Paprika putzen, entkernen, waschen und klein würfeln. Petersilie waschen, trocken schütteln, von den Stielen zupfen und hacken.

2. Das Öl in einer beschichteten Pfanne erhitzen. Lauch und Paprika darin unter Rühren ca. 5 Minuten kräftig anbraten. Die Petersilie untermischen, mit Salz und Pfeffer würzen. Die Mischung auf dem Brot verteilen.

3. Den Backofen auf 200 °C (Umluft 175 °C) vorheizen. Eier, Schmand, Milch, Senf, Salz, Pfeffer und Muskatnuss verquirlen. Die Eiermilch in die Auflaufform gießen. Das Brot mit einem Löffel in die Form drücken, sodass es gleichmäßig mit Flüssigkeit bedeckt ist. Mit dem Käse bestreuen und im heißen Ofen ca. 25 Minuten backen. Warm servieren.

RESTLOS GLÜCKLICH

Kannst du dir das vorstellen? In deutschen Haushalten landen jedes Jahr etwa 12 Millionen Tonnen Lebensmittel im Müll. Das muss doch nicht sein! Brot beispielsweise ist auch trocken noch wertvoll. Hier kommt es im Auflauf zu neuen Ehren, aber auch zu Paniermehl zerkleinert lässt es sich sinnvoll verwerten.

Gerösteter Spitzkohl mit Paprikadip

Für 2 Portionen
Zubereitungszeit: ca. 15 Min. (+ 30 Min. Backzeit)

ZUTATEN

1 kleiner Spitzkohl (ca. 800 g)
4 EL Olivenöl
Salz
400 g festkochende Kartoffeln
125 g geröstete Paprika (Glas)
25 g getrocknete Tomaten (in Öl)
1 kleine Tomate
1 Knoblauchzehe
½ Bund Petersilie
1 EL Weißweinessig
1 TL edelsüßes Paprikapulver
20 g geröstete Mandelblättchen
Pfeffer

PRO PORTION

ca. 515 kcal, 16 g EW, 28 g F, 48 g KH

1. Den Backofen auf 200 °C (180 °C Umluft) vorheizen. Den Spitzkohl waschen, trocken tupfen und äußere welke Blätter entfernen. Den Kohl der Länge nach vierteln. Dabei darauf achten, dass die Stücke am Strunk zusammenhalten. Spitzkohl mit dem Strunk nach oben auf ein mit Backpapier belegtes Backblech legen. Mit 2 EL Öl beträufeln, salzen und im heißen Ofen ca. 30 Minuten rösten, bis der Kohl gar ist und an den Rändern dunkel und knusprig wird.

2. In der Zwischenzeit die Kartoffeln gründlich waschen und mit Schale in kochendem Salzwasser ca. 20 Minuten garen.

3. Für den Dip Paprika in einem Sieb abtropfen lassen. Die getrockneten Tomaten auf Küchenpapier abtropfen lassen. Die frische Tomate waschen und vierteln, dabei den Stielansatz entfernen. Knoblauch schälen und halbieren. Petersilie waschen, trocken schütteln und die Blättchen von den Stielen zupfen. Alles mit Essig, Paprikapulver, Mandeln und 2 EL Öl in einen Mixer oder hohen Rührbecher geben und fein pürieren. Mit Salz und Pfeffer abschmecken.

4. Spitzkohl und Kartoffeln auf Tellern anrichten. Etwas Dip über den Spitzkohl träufeln. Übrigen Dip extra dazu reichen.

TOLLE KNOLLE

Wir sind leidenschaftliche Kartoffelesser. Und das nicht nur, weil sie so vielseitig zuzubereiten sind, sondern auch weil sie beim Anbau nur wenig Ressourcen verbrauchen, in der Region wachsen und preiswert sind. Außerdem sind sie eine ausgezeichnete pflanzliche Eiweißquelle, liefern langsame Kohlenhydrate und Ballaststoffe und stärken mit Vitamin C die Abwehrkräfte.

Kräuter-Tortilla

Für 2 Portionen
Zubereitungszeit: ca. 30 Min.

ZUTATEN

300 g gekochte Pellkartoffeln vom Vortag
1 kleine Zwiebel
1 rote Paprikaschote
1 Bund gemischte Kräuter (z. B. Petersilie, Dill, Schnittlauch, Kerbel)
2 EL Olivenöl
Salz, Pfeffer
3 Eier (Größe M)
4 EL Milch oder ungesüßter Pflanzendrink
geriebene Muskatnuss

PRO PORTION

ca. 400 kcal, 18 g EW, 22 g F, 33 g KH

1. Die Kartoffeln pellen und in ca. ½ cm dicke Scheiben schneiden. Die Zwiebel schälen und fein würfeln. Paprika putzen, entkernen, waschen und klein würfeln. Kräuter waschen, trocken schütteln, die Blätter von den Stielen zupfen und hacken.

2. 1 EL Öl in einer ofenfesten Pfanne (ca. 26 cm Durchmesser) erhitzen. Die Kartoffelscheiben darin ca. 8 Minuten anbraten, dabei ab und zu vorsichtig wenden. Nach ca. 5 Minuten Zwiebel und Paprika dazugeben und mitbraten. Mit Salz und Pfeffer würzen, in eine Schüssel füllen und etwas abkühlen lassen. Die Pfanne ausreiben.

3. Den Backofengrill auf 220 °C vorheizen. Die Eier mit Milch verquirlen, mit Salz, Pfeffer und etwas Muskatnuss würzen und die Kräuter unterrühren. Die Kartoffelmischung dazugeben und untermischen. 1 EL Öl in der Pfanne erhitzen. Tortillamasse hineingeben und bei mittlerer Hitze ca. 5 Minuten stocken lassen. Die Tortilla in der Pfanne im Ofen auf der zweiten Schiene von oben unter dem Grill ca. 5 Minuten garen, bis sie ganz gestockt ist.

4. Tortilla aus dem Ofen nehmen, kurz abkühlen lassen, dann vom Pfannenrand lösen. Auf einen großen Topfdeckel gleiten lassen und auf ein Brett stürzen. Tortilla in Tortenstücke schneiden und servieren. Dazu schmeckt ein grüner Salat und die Paprikasauce von Seite 72.

VORTEIL VORKOCHEN

Es kommt schon mal vor, dass ich zu viele Pellkartoffeln koche. Das ist für diese Tortilla perfekt. Dann wird sie nicht nur schneller fertig, sondern ist auch gesünder. Denn beim Abkühlen von stärkehaltigen Lebensmitteln wie Kartoffeln bildet sich resistente Stärke. Das ist eine Art Ballaststoff, der bestes Futter für unseren Darm ist. Und außerdem ist es energiesparender, einmal eine größere Menge statt mehrmals kleinere Mengen zu kochen.

Didis Ruckizucki-Salat

Für 2 Portionen
Zubereitungszeit: ca. 10 Min.

ZUTATEN

200 g Brokkoliröschen
100 g Cocktailtomaten
1 Mini-Römersalat
1 kleine Knoblauchzehe
2 EL Zitronensaft
2 EL Olivenöl
Salz, Pfeffer
1 EL gehackte Kräuter (z. B. Rosmarin, Estragon, Petersilie)

PRO PORTION

ca. 145 kcal, 5 g EW, 11 g F, 8 g KH

1. Den Brokkoli putzen, waschen, abtropfen lassen und im Blitzhacker oder mit einem großen Messer klein hacken. Die Tomaten waschen und halbieren. Den Salat putzen, waschen und in einzelne Blätter teilen. Den Knoblauch schälen und fein hacken.

2. Für das Dressing den Zitronensaft und das Öl mit Salz und Pfeffer verrühren. Kräuter, Brokkoli und Tomaten untermischen.

3. Die Salatblätter auf einem Teller oder in einer Schale anrichten, den Salat darauf verteilen und servieren.

KREATIV SEIN

Dienstags ist bei uns Markttag. Da können wir oft nicht widerstehen und kaufen viel zu viel Gemüse und Salat. Das macht aber nichts, denn daraus lässt sich im Handumdrehen ein leckerer Salat oder eine Suppe zubereiten. Da wir nur Frisches aus der Region und in der Saison kaufen, können wir unserer Kreativität freien Lauf lassen. Für eine fruchtige Note gebe ich am Ende deshalb gerne noch einen klein gewürfelten Pfirsich dazu.

Kunterbunter Linsensalat mit Feta

Für 2 Portionen
Zubereitungszeit: ca. 20 Min.

ZUTATEN

1 Dose Linsen (265 g Abtropfgewicht)
½ Bund Frühlingszwiebeln
1 große rote Paprikaschote
100 g Rucola
½ Bund Petersilie
2 EL Weißweinessig
1 TL mittelscharfer Senf
½ TL Honig
Salz, Pfeffer
3 EL Olivenöl
100 g Feta (Schafskäse)

PRO PORTION

ca. 435 kcal, 20 g EW, 26 g F, 28 g KH

1. Die Linsen in ein Sieb abgießen, kalt abspülen und gut abtropfen lassen. Die Frühlingszwiebeln putzen, waschen und in schmale Ringe schneiden. Die Paprika putzen, entkernen, waschen und in kleine Würfel schneiden. Den Rucola waschen, trocken schütteln, grobe Stiele entfernen und die Rucolablätter je nach Größe eventuell etwas kleiner schneiden. Die Petersilie waschen und trocken schütteln, die Blätter von den Stielen zupfen und grob hacken.

2. Für das Dressing den Essig mit Senf, Honig, Salz, Pfeffer und Öl in ein Schraubglas geben, das Glas verschließen und gut schütteln.

3. Die Linsen mit allen vorbereiteten Zutaten in eine Salatschüssel geben. Das Dressing dazugeben, alles vermischen und eventuell noch mit Salz und Pfeffer abschmecken.

4. Den Feta über den Salat bröseln und servieren.

GUTES BAUCHGEFÜHL

Der würzige Rucola, auch Rauke genannt, ist in den letzten Jahren zum Trend-Kraut aus der italienischen Küche geworden und kommt auch bei mir oft als Salat zum Einsatz. Für seinen leicht bitteren Geschmack sind Senföle verantwortlich, die unsere Verdauungsorgane anregen und die Produktion von Verdauungssäften und -enzymen fördern. Das beruhigt den Bauch und unterstützt die Verdauung der Linsen aus dem Salat.

EIWEISSWUNDER TOFU

Nicht nur mir geht es so: Tofu ist mein Fleisch. Dank des hohen Gehalts an pflanzlichem Protein in Sojabohnen kommt Tofu bei vielen immer öfter als Fleischersatz auf den Teller. Bio-Produkte sind dann die bessere Wahl, dafür wird kein genmanipuliertes Soja verwendet. In Sachen Klima ist Tofu zwar auch nicht ganz unbedenklich, im Vergleich zu Fleisch entsteht bei seiner Produktion aber weit weniger CO_2.

Knusper-Tofu mit Gemüsereis

Für 2 Portionen
Zubereitungszeit: ca. 30 Min.

ZUTATEN

400 g Tofu (aus dem Kühlregal)
100 g Basmatireis, Salz
400 g Blumenkohl, 2 EL Öl
2 Frühlingszwiebeln
1 Knoblauchzehe
1 walnussgroßes Stück Ingwer
1 rote Spitzpaprika
1 TL Currypulver, Pfeffer
10 g Speisestärke
1 TL Ahornsirup oder flüssiger Honig
1–2 EL gehackte Petersilie

PRO PORTION

ca. 660 kcal, 22 g EW, 29 g F, 56 g KH

1. Den Tofu zwischen zwei Lagen Küchenpapier in einem tiefen Teller mit einem schweren Topf beschweren. Ca. 10 Minuten stehen lassen, um die Flüssigkeit herauszudrücken.

2. Den Reis nach Packungsanweisung in Salzwasser garen. Den Blumenkohl waschen, gut abtropfen lassen, in Röschen teilen und im Blitzhacker oder mit einer Küchenreibe auf Reisgröße zerkleinern. Mit 1 EL Öl in eine Schüssel geben und gut durchkneten.

3. Die Frühlingszwiebeln putzen und waschen. Den hellen Teil fein schneiden, den grünen Teil beiseitelegen. Knoblauch und Ingwer schälen und fein würfeln. Paprika putzen, entkernen, waschen und in 1–2 cm große Würfel schneiden. 1 EL Öl in einer großen beschichteten Pfanne erhitzen. Blumenkohl darin unter Rühren ca. 5 Minuten bei starker Hitze anbraten, Curry untermischen. Zwiebel-Ingwer-Mix und Paprika dazugeben und unter Rühren ca. 3 Minuten braten, salzen und pfeffern.

4. Den Tofu noch mal gut auspressen, trocken tupfen und quer in ca. ½ cm breite Scheiben schneiden. Stärke mit 2 TL Wasser, Ahornsirup und etwas Salz zu einer dickflüssigen Paste verrühren. Bei Bedarf noch etwas mehr Wasser dazugeben. Tofuscheiben darin wenden. 1 EL Öl in einer großen beschichteten Pfanne erhitzen. Tofu darin auf jeder Seite ca. 3 Minuten knusprig braten. Gegarten Reis zum Blumenkohlreis geben und gut untermischen. Mit Salz und Pfeffer abschmecken. Den Tofu auf dem Reis anrichten und mit Petersilie bestreuen.

Pasta à la Brokkolino

Für 2 Portionen
Zubereitungszeit: ca. 25 Min.

ZUTATEN

250 g Brokkoliröschen
Salz
200 g Vollkornnudeln
(z. B. Spaghetti oder Penne)
½ Bund Basilikum
25 g Mandelblättchen
1 kleine Knoblauchzehe
2 EL Zitronensaft
4 EL Olivenöl
Salz, Pfeffer
125 g Cocktailtomaten
geriebener Parmesan, Montello oder geröstete Mandelblättchen, nach Belieben

PRO PORTION

ca. 625 kcal, 21 g EW, 29 g F, 68 g KH

1. Den Brokkoli waschen und in wenig Salzwasser ca. 8 Minuten garen. Mit einem Schaumlöffel herausheben und abtropfen lassen. Das Wasser im Topf auffüllen, erneut aufkochen und die Nudeln darin nach Packungsanweisung garen.

2. Inzwischen das Basilikum waschen, trocken schütteln, die Blätter von den Stielen zupfen und grob hacken. Die Mandeln in einer Pfanne ohne Fett hellbraun rösten und herausnehmen. Den Knoblauch schälen und halbieren. Brokkoli mit vorbereiteten Zutaten, Zitronensaft, Öl, Salz und Pfeffer in einen Mixer oder hohen Rührbecher geben und pürieren. Eventuell noch mit etwas mehr Salz, Pfeffer oder Zitronensaft abschmecken.

3. Tomaten waschen und halbieren. Die Nudeln abgießen, abtropfen lassen und mit dem Pesto und den Tomaten anrichten. Nach Belieben mit Käse oder Mandelblättchen bestreut servieren.

GEMÜSEVERSTECK

Versteckt in einer Nudelsauce kommt der gesunde Brokkoli sogar bei kleinen Gemüsemuffeln gut an. Bei der Zubereitung des Pestos können die Kleinen super mithelfen und zum Beispiel die Basilikumblätter von den Stielen zupfen. Denn selbst gemacht schmeckt jedes Essen doch gleich noch mal viel besser!

Blumenkohlsteak mit Püree und Salsa Verde

Für 2 Portionen
Zubereitungszeit: ca. 35 Min.

ZUTATEN

1 kleiner Blumenkohl (ca. 800 g)
6 EL Olivenöl
Salz
400 g mehligkochende Kartoffeln
1 Bund Petersilie
1 Knoblauchzehe
1 TL Zitronensaft
Pfeffer
20 g Mandelmus
½ TL Chiliflocken (Pul biber), nach Belieben

PRO PORTION

ca. 555 kcal, 15 g EW, 37 g F, 42 g KH

1. Den Backofen samt Backblech auf 225 °C vorheizen. Den Blumenkohl waschen, abtropfen lassen und von der Mitte aus vier ca. 2 cm breite Scheiben abschneiden. Dabei darauf achten, dass die Scheiben am Strunk zusammenhalten. Übrigen Blumenkohl beiseitelegen. 1 EL Öl in einer großen Pfanne erhitzen. Blumenkohlscheiben darin auf jeder Seite ca. 4 Minuten kräftig anbraten. Auf das Blech legen, salzen und im heißen Ofen 15–20 Minuten rösten.

2. Inzwischen die Kartoffeln schälen, waschen, halbieren und in Salzwasser zugedeckt ca. 20 Minuten garen. Nach 10 Minuten übrigen Blumenkohl in Stücken dazugeben.

3. Für die Salsa Verde Petersilie waschen, trocken schütteln, die Blätter abzupfen und fein hacken. Den Knoblauch schälen und fein hacken. Beides mit Zitronensaft und 5 EL Öl verrühren, mit Salz und Pfeffer abschmecken.

4. Kartoffeln und Blumenkohl abgießen, das Kochwasser auffangen. Kartoffeln und Blumenkohl mit Mandelmus und ca. 150 ml Kochwasser zu Püree stampfen. Mit Salz abschmecken. Blumenkohlsteaks mit Püree und Salsa Verde anrichten. Den Blumenkohl nach Belieben mit Chiliflocken bestreuen.

WEISSER RIESE

Blumenkohl gehört zu den besonders klimafreundlichen Gemüsesorten. Denn er wächst in unseren Breiten und ist so robust, dass er so gut wie immer aus dem Freiland kommt. Das reduziert den ökologischen Fußabdruck gleich doppelt. Gesund ist er mit vielen Ballaststoffen und sekundären Pflanzenstoffen, aber nur wenigen Kalorien. Wie vielfältig man ihn zubereiten kann, zeigt dieses Rezept.

Gemüsequiche

Für ca. 12 Stücke
Zubereitungszeit: ca. 25 Min. (+ Wartezeit) und 50 Min. Backzeit)

ZUTATEN

Für den Teig

200 g Dinkel-Vollkornmehl
50 g gemahlene Haselnüsse
1 TL Salz
100 g Butter
1 Eigelb (Größe M)

Für die Füllung

1 große Stange Lauch
2 Möhren
1 Kohlrabi (ca. 250 g)
1 rote Paprikaschote
1 EL Olivenöl
Salz, Pfeffer
2 EL gehackte Petersilie
3 Eier + 1 Eiweiß
200 g Schlagsahne
200 g saure Sahne (10 % Fett)
2 EL Speisestärke
geriebene Muskatnuss

PRO STÜCK

ca. 280 kcal, 8 g EW, 20 g F, 17 g KH

1. Für den Teig Mehl, Nüsse, Salz, Butter in Stückchen, Eigelb und ca. 2 EL kaltes Wasser rasch verkneten. Den Teig auf Backpapier rund (ca. 32 cm Durchmesser) ausrollen. Eine Springform (26 cm Durchmesser) damit auslegen, dabei einen Rand andrücken. Den Teig mit einer Gabel mehrmals einstechen. Mindestens 30 Minuten kalt stellen.

2. Inzwischen für die Füllung Gemüse putzen und waschen. Lauch längs halbieren und in schmale Scheiben schneiden. Möhren und Kohlrabi schälen und klein würfeln. Paprika klein würfeln. Das Öl in einer großen Pfanne erhitzen und das Gemüse darin ca. 5 Minuten anbraten. Mit Salz und Pfeffer würzen, die Petersilie unterrühren.

3. Den Backofen auf 200 °C (180 °C Umluft) vorheizen. Eier, Eiweiß, Sahne, saure Sahne, Stärke, Salz, Pfeffer und etwas Muskat verquirlen. Das Gemüse auf dem Quicheboden verteilen. Die Eier-Sahne-Mischung darübergießen. Die Quiche im heißen Ofen auf der zweiten Schiene von unten 40–50 Minuten backen. In der Form auf einem Kuchengitter mindestens 10 Minuten abkühlen lassen. In Stücke schneiden und lauwarm oder kalt servieren.

FÜR GÄSTE

Für alle, die mal schnell etwas Leckeres auf den Tisch zaubern wollen, ist diese Quiche perfekt auf Vorrat zu machen. Sie schmeckt auch kalt. Im Kühlschrank bleibt sie ca. 2 Tage frisch, stückweise eingefroren ca. 3 Monate. Zum Auftauen im Ofen kurz aufbacken.

Allrounder-Tomatensuppe

Für 2 Portionen
Zubereitungszeit: ca. 25 Min.

ZUTATEN

1 kleine Zwiebel
1 kleine Knoblauchzehe
1 EL Olivenöl
1 Dose stückige Tomaten (400 g)
75 ml Gemüsebrühe
Salz, Pfeffer
100 g Feta (Schafskäse)
1 Handvoll Basilikum

PRO PORTION

ca. 230 kcal, 12 g EW, 16 g F, 10 g KH

1. Zwiebel und Knoblauch schälen und in feine Würfel schneiden. Das Öl in einem Topf erhitzen, Zwiebel und Knoblauch darin ca. 2 Minuten andünsten. Tomaten und Gemüsebrühe dazugeben, alles aufkochen und ca. 15 Minuten köcheln lassen.

2. Die Suppe vom Herd nehmen, nach Belieben fein pürieren und mit Salz und Pfeffer abschmecken.

3. Den Feta in Würfel schneiden und zur Suppe geben, alles weitere 5 Minuten erhitzen. Basilikum waschen, trocken schütteln und die Blätter über die Suppe streuen. Falls etwas übrig bleibt oder du gleich die doppelte Menge zubereiten möchtest: Die Suppe lässt sich prima einfrieren und hält sich so etwa 6 Monate.

AUCH ALS SAUCE LECKER

Gibt es jemanden, der keine Tomaten mag? Ich gehöre jedenfalls nicht dazu. Die sonnengereiften roten Früchte sind am besten, wenn sie aus Italien kommen. Und natürlich sind sie dort als Sauce mit Pasta ein Klassiker. Diese Suppe ist deshalb auch ganz leicht zu variieren. Während sie köchelt, noch Nudeln, Reis oder Kartoffeln kochen und die Suppe als Sauce dazu servieren. Noch mit etwas Reibekäse bestreuen – und fertig ist ein Lieblingsgericht für die Kleinen und die Großen!

Kartoffel-Kürbis-Stampf mit Pesto-Spiegelei

Für 2 Portionen
Zubereitungszeit: ca. 30 Min.

ZUTATEN

500 g mehligkochende Kartoffeln
250 g Hokkaidokürbis (mit Schale; ohne Kerne)
Salz
3 Stiele Salbei
2 EL Olivenöl
100 ml Milch oder Pflanzendrink
1 EL Butter oder Margarine
geriebene Muskatnuss
4 TL grünes Pesto (Glas)
4 Eier

PRO PORTION

ca. 610 kcal, 25 g EW, 35 g F, 48 g KH

1. Die Kartoffeln schälen und waschen. Kürbis waschen. Beides in Würfel schneiden und in einen Dämpfeinsatz geben. Einen Topf eine Handbreit mit Wasser füllen und dieses salzen. Den Dämpfeinsatz hineinsetzen. Alles zugedeckt aufkochen und bei schwacher Hitze ca. 20 Minuten dämpfen.

2. Inzwischen den Salbei waschen, gut trocken tupfen und die Blätter von den Stielen zupfen. Das Öl in einer kleinen Pfanne erhitzen und den Salbei darin 3–4 Minuten knusprig braten, auf Küchenpapier abtropfen lassen.

3. Den Dämpfeinsatz aus dem Topf heben. Die Flüssigkeit aus dem Topf gießen und Milch und Butter hineingeben, mit Salz und etwas Muskat würzen und erhitzen. Kartoffel-Kürbis-Mischung dazugeben und zerstampfen. Abgedeckt warm halten.

4. Jeweils 1 TL Pesto als Klecks in die Pfanne mit dem restlichen Salbeibratöl geben und etwas flach streichen. Je 1 Ei daraufgeben, mit Salz würzen und zu Spiegeleiern braten. Die Pesto-Spiegeleier mit dem Stampf anrichten. Salbeiblätter auf den Stampf geben und servieren.

HERBSTHIT KÜRBIS

Schon allein die orange Farbe des Kürbisses begeistert mich und hebt meine Laune. Das liegt vielleicht auch daran, dass Kürbis eine echte Vitaminbombe ist. Er enthält sehr viel Betacarotin, die Vorstufe von Vitamin A, das unter anderem für gutes Sehen verantwortlich ist. Ein weiterer Vorteil von Kürbis: Das typische Herbstgemüse ist ein echter Klimastar. Denn es ist anspruchslos im Anbau und kommt fast immer aus der Region.

Schnelle Hühnersuppe

Für 2 Portionen
Zubereitungszeit: ca. 20 Min.

ZUTATEN
1 l Hühnerbrühe (selbst gemacht oder instant)
3 Möhren
4 Stangen Staudensellerie
1 Stange Lauch
200 g Hähnchenbrustfilet
75 g Vollkorn-Couscous
½ Bund Petersilie
Salz, Pfeffer
1–2 TL Zitronensaft

PRO PORTION
ca. 570 kcal, 61 g EW, 15 g F, 46 g KH

1. Die Brühe in einem Topf aufkochen. Inzwischen Möhren putzen, schälen und in kleine Würfel schneiden. Sellerie putzen, waschen und in schmale Scheiben schneiden. Lauch putzen, gründlich waschen, längs halbieren und in dünne Scheiben schneiden.

2. Das Gemüse in die Brühe geben. Brühe erneut aufkochen und alles ca. 7 Minuten garen.

3. Das Hähnchenbrustfilet waschen, trocken tupfen und quer in ca. 3 mm breite Streifen schneiden. Mit Couscous zur Suppe geben und alles nochmals ca. 5 Minuten garen.

4. Inzwischen die Petersilie waschen, trocken schütteln, die Blättchen von den Stielen zupfen und hacken. Die Suppe mit Salz, Pfeffer und Zitronensaft abschmecken und in Schalen anrichten. Mit Petersilie bestreut servieren.

ECHTER ALLROUNDER
Eine Hühnersuppe wärmt Magen und Seele – wie praktisch, dass man sie so schnell und leicht zubreiten kann. Du hast noch gekochten Reis, Nudeln, Hirse oder Ähnliches vom Vortag übrig? Dann kann das statt Couscous 2 Minuten vor Ende der Garzeit in die Suppe wandern. Reste zu verwerten statt zu entsorgen, schont sowohl das Klima als auch den Geldbeutel.

BESSER SELBST MACHEN

Mein Kartoffelsalat kommt ganz ohne Mayo aus. Zugegeben, das Garen und Pellen der Kartoffeln nimmt etwas Zeit in Anspruch. Dafür lässt sich Kartoffelsalat aber prima vorbereiten. Und im Gegensatz zu Fertigprodukten stecken keine Konservierungsmittel, Süßstoffe oder andere bedenkliche Zusatzstoffe darin.

Kartoffelsalat mit Forellenfilet

Für 2 Portionen
Zubereitungszeit: ca. 45 Min.

ZUTATEN
600 g festkochende Kartoffeln
1 kleine Zwiebel
2 EL Öl
125 ml Gemüse- oder Fleischbrühe
5 TL Weißweinessig
1 TL mittelscharfer Senf
Zucker
Salz, Pfeffer
1 Bund Radieschen (möglichst mit frischem Grün)
¼ Salatgurke
½ Bund Schnittlauch
200 g geräucherte Forellenfilets

PRO PORTION
ca. 615 kcal, 28 g EW, 15 g F, 52 g KH

1. Die Kartoffeln gründlich waschen, knapp mit Wasser bedeckt aufkochen und 20–25 Minuten garen. Inzwischen die Zwiebel schälen und fein würfeln. ½ EL Öl erhitzen und die Zwiebel darin andünsten. Die Brühe hinzufügen, aufkochen und ca. 5 Minuten köcheln lassen. Essig, Senf und 1 Prise Zucker dazugeben, gut darin verrühren und die Brühe vom Herd nehmen.

2. Die Kartoffeln abgießen, etwas abkühlen lassen, noch warm pellen und in Scheiben in die Brühe schneiden. Übriges Öl vorsichtig untermischen. Mit Salz und Pfeffer abschmecken. Abkühlen lassen.

3. Die Radieschen putzen und waschen. Das Radieschengrün verlesen und fein hacken. Radieschen in schmale Scheiben hobeln oder schneiden. Die Gurke putzen, waschen, streifig schälen, längs halbieren und die Kerne mit einem Teelöffel herauskratzen. Die Gurke in schmale Scheiben hobeln oder schneiden. Den Schnittlauch waschen, trocken schütteln und in Röllchen schneiden.

4. Alles zum Kartoffelsalat geben und unterrühren. Erneut mit Salz und Pfeffer abschmecken. Den Kartoffelsalat mit den Forellenfilets servieren.

Magische Gemüsesuppe

Für 2 Portionen
Zubereitungszeit: ca. 25 Min.

ZUTATEN

1 rote Spitzpaprika
1 kleine Fenchelknolle
2 Stangen Staudensellerie
½ Apfel
½ l Gemüsebrühe
Salz, Pfeffer
1–2 TL Currypulver
1 getrocknete rote Chilischote, nach Belieben
1 Kartoffel (ca. 100 g)
1 Schuss Buttermilch
1 EL Joghurt
je 1 TL Tomatenmark und Ketchup
2 EL gehackte Kräuter (z. B. Petersilie, Basilikum oder Koriander)

PRO PORTION

ca. 140 kcal, 5 g EW, 1 g F, 26 g KH

1. Paprika, Fenchel, Staudensellerie und Apfel putzen, waschen, falls nötig, entkernen und in grobe Stücke schneiden. Im Blitzhacker grob zerkleinern. Mit der Gemüsebrühe in einen Topf geben. Mit Salz, Pfeffer und Currypulver würzen, nach Belieben Chili zerbröseln und dazugeben.

2. Kartoffel schälen, waschen, in kleine Würfel schneiden und ebenfalls zur Suppe in den Topf geben. Alles aufkochen und dann bei schwacher Hitze ca. 15 Minuten köcheln lassen.

3. Buttermilch, Joghurt, Tomatenmark und Ketchup unterrühren, alles erneut erhitzen (aber nicht kochen!) und ca. 2 Minuten köcheln lassen. Mit Salz und Pfeffer abschmecken. Die Suppe mit Kräutern bestreut servieren.

GEWÜRZE SIND DAS A UND O

Gewürze wie Ingwer, Kreuzkümmel, Kardamom und Koriander spielen für das Wohlbefinden eine wichtige Rolle. In der ayurvedischen Medizin werden sie deshalb reichlich verwendet. Sie machen die Mahlzeit bekömmlicher, fördern die Verdauung und wirken entzündungshemmend. Sie geben den Gerichten auch die besondere Geschmacksnote. Wer nicht alle Gewürze einzeln verwenden will, nimmt Currypulver. Diese Mischung vereint die positiven Wirkungen der Einzelgewürze.

Polentaschnitten mit Tomaten

Für 2 Portionen
Zubereitungszeit: ca. 30 Min. (+ Wartezeit)

ZUTATEN

180 ml Milch oder ungesüßter Pflanzendrink
Salz, Pfeffer
180 g Instant-Polenta (Maisgrieß)
25 g Parmesan
1 TL Butter oder Margarine
1 kleine Zwiebel
1 Knoblauchzehe
100 g Knollensellerie
1 Möhre
3 EL Olivenöl
1 Dose stückige Tomaten (400 g)
1 TL getrockneter Oregano
Basilikum, nach Belieben

PRO PORTION

ca. 635 kcal, 19 g EW, 25 g F, 84 g KH

1. Milch, 180 ml Wasser und 1 TL Salz in einen Topf geben und aufkochen. Die Polenta einrühren und unter ständigem Rühren ca. 5 Minuten köcheln lassen, bis sie andickt. Die Polenta auf der ausgeschalteten Herdplatte noch 2–3 Minuten quellen lassen, dabei ab und zu umrühren. Den Parmesan fein reiben, 2 TL beiseitestellen. Butter und Parmesan unter die Polenta rühren.

2. Polenta in eine flache, kalt ausgespülte Auflaufform (ca. 20 x 28 cm) geben und mit einem angefeuchteten Messer glatt streichen. Die Oberfläche direkt mit Frischhaltefolie abdecken. Ca. 30 Minuten auskühlen lassen.

3. Inzwischen für die Sauce Zwiebel und Knoblauch schälen und in Würfel schneiden. Sellerie und Möhre putzen, schälen und klein würfeln. Alles in 1 EL Öl andünsten. Tomaten dazugeben, alles aufkochen, mit Salz, Pfeffer und Oregano würzen. Die Sauce bei mittlerer Hitze ca. 10 Minuten köcheln lassen. Dabei ab und zu umrühren. Sauce vom Herd nehmen und fein pürieren. Nochmals mit Salz und Pfeffer abschmecken.

4. Die Polenta auf ein Brett stürzen und in ca. 7 x 5 cm große Rechtecke schneiden. Übriges Öl in einer beschichteten Pfanne erhitzen. Die Polentaschnitten darin unter Wenden ca. 5 Minuten goldbraun braten. Mit übrigem Parmesan bestreuen. Mit der Sauce und nach Belieben Basilikumblättern servieren. Dazu schmeckt ein grüner Salat.

HIT FÜR KIDS

Aus Erfahrung wissen wir: Kinder lieben Tomatensauce und auch Polentaschnitten kommen bei ihnen gut an. So ganz nebenbei liefert der Maisgrieß in Form von Karotin auch noch eine ordentliche Portion Gesundheit. Dieser Bioaktivstoff schützt die Zellen und tut Haut und Augen gut. Auch die Tomatensauce ist reich an Karotin, genauer gesagt dem Farbstoff Lykopin, der als starker Zellschützer gilt und nach dem Kochen für den Körper sogar besser verfügbar ist als aus rohen Tomaten.

Shakshuka

Für 2 Portionen
Zubereitungszeit: ca. 25 Min.

ZUTATEN

300 g Gemüse der Saison (z. B. Zucchini, Paprika, Aubergine, Kürbis, Möhren, Spinat oder ein Mix aus verschiedenen Sorten)
1 kleine Zwiebel
1 Knoblauchzehe
1 EL Olivenöl
Salz, Pfeffer
½ TL gemahlener Kreuzkümmel
1 TL rosenscharfes Paprikapulver
1 Dose stückige Tomaten (400 g)
Zucker
4 Eier (Größe M)
2 EL gehackte Petersilie

PRO PORTION

ca. 375 kcal, 21 g EW, 25 g F, 18 g KH

1. Das Gemüse putzen, waschen und je nach Sorte schälen oder verlesen und in ca. 1 cm große Würfel schneiden. Blattgemüse wie Spinat grob hacken. Zwiebel und Knoblauch schälen und fein würfeln.

2. Das Öl in einer beschichteten Pfanne erhitzen und die Zwiebel darin andünsten. Das Gemüse dazugeben und unter Rühren ca. 5 Minuten braten. Knoblauch dazugeben und kurz mitbraten. Mit Salz, Pfeffer, Kreuzkümmel und Paprikapulver würzen. Tomaten hinzufügen, aufkochen und bei starker Hitze ca. 5 Minuten einkochen lassen.

3. Die Sauce mit Salz, Pfeffer und 1 Prise Zucker würzig abschmecken. Mit einem Löffel vier Mulden in die Sauce drücken. Die Eier einzeln in eine Tasse aufschlagen und vorsichtig in jede Mulde gleiten lassen. Das Eiweiß mit einem Löffel leicht über die Eigelbe ziehen. Zugedeckt 6–8 Minuten garen, bis die Eier gestockt sind. Shakshuka mit Petersilie bestreuen. Mit Vollkorn-, Fladen- oder Pitabrot servieren.

DIE MISCHUNG MACHT'S

Eier zum Frühstück kennt ja jeder. Aber diese herzhafte orientalische Variante mit Gemüse wird im Nahen Osten auch zum Frühstück oder Brunch gegessen. Mir schmeckt es jedenfalls morgens ab und an auch sehr gut. Shakshuka bedeutet im Arabischen übrigens so etwas wie Mischung.

Ofen-Möhren mit Linsen

Für 2 Portionen
Zubereitungszeit: ca. 30 Min. (+ 35 Min. Backzeit)

ZUTATEN

500 g junge Bundmöhren (mit Grün)
1 rote Zwiebel
1 TL edelsüßes Paprikapulver (oder geräuchertes Paprikapulver)
2 EL Olivenöl
1 TL flüssiger Honig
Salz
125 g schwarze Beluga-Linsen oder Berglinsen
5–6 Stiele Minze
125 g griech. Joghurt
¼ TL gemahlener Kreuzkümmel
2 TL geröstete Sesamsamen

PRO PORTION

ca. 530 kcal, 22 g EW, 25 g F, 55 g KH

1. Den Backofen auf 200 °C (180 °C Umluft) vorheizen. Die Möhren waschen und gut trocken tupfen. Das Grün bis auf einen ca. 2 cm langen Ansatz entfernen. Die Möhren je nach Dicke der Länge nach halbieren oder vierteln. Die Zwiebel schälen, halbieren und in Spalten schneiden. Paprika, Öl, Honig und etwas Salz verrühren. Möhren und Zwiebel darin wenden. Das Gemüse auf einem mit Backpapier belegten Backblech verteilen und im heißen Ofen 30–35 Minuten rösten.

2. Inzwischen die Linsen in Salzwasser ca. 25 Minuten bissfest garen. Für den Dip die Minze waschen, trocken schütteln, die Blätter von den Stielen zupfen und bis auf einige Blätter zum Garnieren hacken. Joghurt mit Minze und Kreuzkümmel verrühren. Mit Salz abschmecken.

3. Die Linsen in ein Sieb abgießen, kalt abschrecken und gut abtropfen lassen. Ofen-Möhren mit Sesam bestreuen und mit Linsen und Joghurtdip anrichten. Mit übriger Minze garnieren.

ÖFTER MAL HÜLSENFRÜCHTE

Linsen sind echte Power-Pakete: reich an pflanzlichem Eiweiß, B-Vitaminen, Mineralien und wichtigen Ballaststoffen. Auch im Hinblick auf den Klimaschutz sind sie spitze. Denn sie sind anspruchslos im Anbau, gut für die Bodenqualität und kommen in der Regel aus Europa.

ALLES AUS 1 TOPF

Dieser Trend ist wie für mich gemacht: Alles kommt in einen Topf und wird zusammen gegart. Es geht schnell, ist einfach und schmeckt lecker. Aber am genialsten ist: Es gibt keinen großen Abwasch danach, man spart also Wasser. Und beim Kochen braucht man auch nur eine Kochstelle. Wenn das nicht ökologisch ist!

One-Pot-Pasta mit Gemüse

Für 2 Portionen
Zubereitungszeit: ca. 25 Min.

ZUTATEN

1 kleine Zwiebel
1 Knoblauchzehe
400 g Gemüse der Saison
(z. B. grüner Spargel, Kohlrabi, Möhren, Kürbis, Brokkoli, Zucchini, Paprika, einzeln oder gemischt)
1 EL Olivenöl
200 ml Milch oder ungesüßter Pflanzendrink
ca. 225 ml Gemüsebrühe
175 g Vollkorn-Penne
3 Stiele Basilikum
2 EL Doppelrahmfrischkäse
(oder pflanzliche Alternative)
Salz, Pfeffer
geriebene Muskatnuss
25 g geröstete Mandelstifte

PRO PORTION

ca. 585 kcal, 23 g EW, 23 g F, 69 g KH

1. Zwiebel und Knoblauch schälen und fein würfeln. Gemüse je nach Sorte putzen, schälen, waschen und in kleine Stücke oder Würfel schneiden.

2. Das Öl in einem Topf erhitzen, Zwiebel, Knoblauch und das feste Gemüse darin unter Rühren 3–4 Minuten andünsten.

3. Milch und Gemüsebrühe dazugeben und aufkochen. Die Nudeln einrühren, alles erneut aufkochen. Unter gelegentlichem Rühren bei mittlerer Hitze 12–15 Minuten kochen lassen. Dabei nach ca. 8 Minuten die weicheren Gemüsesorten dazugeben. Wird die Pasta zu trocken, noch etwas mehr Gemüsebrühe angießen.

4. Inzwischen das Basilikum waschen, trocken schütteln, die Blätter von den Stielen zupfen und bis auf einige Blättchen zum Garnieren in feine Streifen schneiden. Den Frischkäse unter die Pasta rühren, mit Salz, Pfeffer und Muskat abschmecken. Basilikumstreifen dazugeben und untermischen. Die Pasta auf Tellern anrichten. Mit Mandeln bestreuen und mit übrigem Basilikum garnieren.

Pilz-Schmortopf mit Kartoffeln

Für 2 Portionen
Zubereitungszeit: ca. 30 Min.

ZUTATEN

600 g festkochende Kartoffeln
1 Zwiebel
150 g Möhren
1 Knoblauchzehen
500 g braune Champignons
1 EL Olivenöl
1 TL getrockneter Majoran
1 EL Mehl
1 TL Tomatenmark
100 ml trockener Rotwein
(ersatzweise Gemüsebrühe)
2 EL Sojasauce
½ TL edelsüßes Paprikapulver
1 Lorbeerblatt
Salz, Pfeffer
2 EL gehackte Petersilie

PRO PORTION

ca. 440 kcal, 16 g EW, 12 g F, 61 g KH

1. Die Kartoffeln gründlich waschen und mit Schale in wenig Wasser zugedeckt ca. 20 Minuten garen.

2. Inzwischen die Zwiebel schälen, halbieren und in sehr schmale Scheiben schneiden. Die Möhren putzen, schälen, längs halbieren und in ca. ½ cm dicke Scheiben schneiden. Knoblauch schälen und fein würfeln. Pilze putzen, falls nötig, trocken abreiben und halbieren.

3. Das Öl in einem Schmortopf erhitzen. Die Pilze darin unter Rühren bei starker Hitze ca. 5 Minuten anbraten. Zwiebel und Möhren dazugeben und weitere 3 Minuten braten. Majoran hinzufügen, alles mit Mehl bestäuben und 1 Minute anschwitzen. Tomatenmark einrühren. Wein, Sojasauce, 200 ml Wasser, Paprika und Lorbeerblatt dazugeben, mit Salz und Pfeffer würzen.

4. Alles aufkochen und bei mittlerer Hitze ohne Deckel ca. 15 Minuten schmoren. Dabei öfter umrühren und bei Bedarf noch etwas Wasser nachgießen.

5. Kartoffeln abgießen, kurz abkühlen lassen und nach Belieben pellen. Pilz-Schmortopf mit Salz und Pfeffer abschmecken, mit Petersilie bestreuen und mit den Kartoffeln servieren.

ESSENZ DER KÖSTLICHKEIT

Es soll ja Leute geben, die keine Pilze mögen. Das können wir uns gar nicht vorstellen. Denn Pilze haben die fünfte Geschmacksrichtung Umami – neben süß, salzig, sauer, bitter –, die als fleischig, herzhaft, würzig wahrgenommen wird. Neben ihrem Geschmack stechen Pilze auch durch ihren hohen Eiweißgehalt hervor und sind für Vegetarier der ideale Fleischersatz.

Gemüse-Fritter all'italiana

Für 2 Portionen
Zubereitungszeit: ca. 30 Min.

ZUTATEN

1 kleiner Brokkoli (ca. 350 g), Salz
3 getrocknete Tomaten (ohne Öl)
1 kleine Zwiebel
100 g Mehl, 1 Msp. Backpulver
3 Eier, 3 EL grünes Pesto
Pfeffer, 2–3 EL Öl
250 g Magerquark
1 Schuss Mineralwasser mit Kohlensäure
1 TL Zitronensaft

PRO PORTION

ca. 565 kcal, 42 g EW, 22 g F, 49 g KH

1. Den Brokkoli waschen, in Röschen schneiden und in wenig Salzwasser ca. 8 Minuten dünsten, abgießen und gut abtropfen lassen. Tomaten klein würfeln. Zwiebel schälen und fein würfeln.

2. Mehl, Backpulver, Eier, 2 EL Pesto, Zwiebel, 1 leicht gehäufter TL Salz und etwas Pfeffer zu einem Teig verrühren. Brokkoli dazugeben und gründlich unterrühren, sodass die Röschen teilweise zerfallen. Tomaten unterheben. In einer großen beschichteten Pfanne nach und nach ca. 3 EL Öl erhitzen. Pro Puffer 2–3 EL Teig in die Pfanne geben und etwas flach drücken. Auf jeder Seite 3–4 Minuten braten, auf Küchenpapier abtropfen lassen. Auf diese Weise portionsweise ca. 12 Puffer backen.

3. Inzwischen für den Dip den Quark mit Mineralwasser und Zitronensaft glatt rühren. Das übrige Pesto unterrühren, den Dip mit Salz und Pfeffer abschmecken. Die Puffer mit Quark servieren. Dazu schmeckt ein grüner Salat oder Tomatensalat.

BULETTEN GEHEN AUCH VEGGIE

Selbst eingefleischte Buletten-Fans sollten dieser Gemüse-Variante unbedingt eine Chance geben! Brokkoli statt Hackfleisch – einen besseren Tausch gibt es nicht: sowohl was die Umwelt als auch die Gesundheit betrifft. Das heimische Kohlgemüse ist vollgepackt mit Vitaminen und Nährstoffen, stärkt das Immunsystem, ist gut fürs Gehirn und zudem kalorienarm. Also ran an die Buletten!

Ofen-Risotto mit Räucherlachs

Für 2 Portionen
Zubereitungszeit: ca. 20 Min. (+ 40 Min. Backzeit)

ZUTATEN

1 kleine Zwiebel
1 Knoblauchzehe
1 große Fenchelknolle (ca. 300 g)
1 EL Olivenöl
150 g Risottoreis
400 ml Gemüsebrühe
Salz, Pfeffer
½ Bund Dill
30 g Doppelrahmfrischkäse
150 g heiß geräucherter Lachs

PRO PORTION

ca. 545 kcal, 27 g EW, 19 g F, 66 g KH

1. Den Backofen auf 190 °C (170 °C Umluft) vorheizen. Zwiebel und Knoblauch schälen und fein würfeln. Fenchel putzen, waschen, halbieren und in schmale Scheiben hobeln oder schneiden. Fenchelgrün beiseitelegen.

2. Das Öl in einer ofenfesten Pfanne mit Deckel erhitzen. Zwiebel darin andünsten. Knoblauch und Fenchel dazugeben und alles ca. 5 Minuten unter Rühren andünsten. Den Reis hinzufügen und 1–2 Minuten anschwitzen. Gemüsebrühe dazugießen, aufkochen, mit Salz und Pfeffer würzen. Die Pfanne mit dem Deckel verschließen. Den Reis im heißen Ofen ca. 40 Minuten garen, bis er weich ist. Dabei zwischendurch zweimal umrühren.

3. Inzwischen den Dill waschen, trocken schütteln und mit Fenchelgrün hacken. Den Frischkäse zum Risotto geben und unterrühren. Dill und Fenchelgrün untermischen. Das Risotto auf Tellern anrichten, den Lachs etwas zerpflücken und darauf verteilen.

GANZ SCHÖN CLEVER

Das ständige Rühren von Risotto ist mir oft lästig. Beim Garen im Ofen entfällt dies, der Risotto wird aber trotzdem herrlich cremig. Um die Energie des Ofens voll auszunutzen, am besten gleichzeitig z. B. noch Nüsse für das Frühstücksmüsli rösten oder gleich die doppelte Menge Risotto zubereiten und den Ofen 5–10 Minuten vor Ende der Garzeit ausschalten. Die Restwärme reicht zum Fertiggaren völlig aus.

Kürbissalat im Hummus-Gewand

Für 2 Portionen
Zubereitungszeit: ca. 20 Min. (+ 30 Min. Backzeit)

ZUTATEN

½ Hokkaidokürbis (ca. 600 g)
1 rote Zwiebel
1 Dose Kichererbsen
(220 g Abtropfgewicht)
Salz, Pfeffer
5 EL Olivenöl
1 kleine Knoblauchzehe
1 EL Zitronensaft
1 Msp. gemahlener Kreuzkümmel
25 g Joghurt oder pflanzliche
Joghurt-Alternative
50 g Rucola oder Feldsalat

PRO PORTION

ca. 465 kcal, 14 g EW, 29 g F, 36 g KH

1. Den Backofen auf 225 °C (200 °C Umluft) vorheizen. Den Kürbis waschen und die Kerne mit einem Löffel entfernen. Den Kürbis in ca. ½ cm breite Spalten schneiden. Die Zwiebel schälen und in schmale Spalten schneiden. Die Kichererbsen in ein Sieb abgießen, kalt abspülen und abtropfen lassen. 25 g Kichererbsen beiseitelegen. Übrige Kichererbsen, Kürbis und Zwiebel mit Salz und Pfeffer würzen und mit 3 EL Olivenöl vermischen.

2. Auf ein Backblech geben und im heißen Ofen 25–30 Minuten rösten.

3. Inzwischen für das Dressing Knoblauch schälen und halbieren. Mit 25 g Kichererbsen, 2 EL Olivenöl, Zitronensaft, 2–3 EL Wasser und Kreuzkümmel zum Dressing pürieren. Joghurt unterrühren. Mit Salz und Pfeffer würzen.

4. Das Gemüse lauwarm abkühlen lassen. Inzwischen den Salat putzen, waschen und trocken schleudern. Auf einer Platte ausbreiten und das Röstgemüse darauf verteilen. Das Dressing darübergeben und servieren.

SUPERFOOD KICHERERBSEN

Studien haben gezeigt: Wer regelmäßig Hülsenfrüchte verzehrt, lebt länger. Das liegt unter anderem am hohen Ballaststoffgehalt der kleinen Kerlchen: 100 g Kichererbsen liefern neben viel Eiweiß 15 g Ballaststoffe. Die machen satt, halten den Blutzuckerspiegel in Balance und füttern die guten Darmbakterien. Außerdem senken sie den Cholesterinspiegel und schützen so das Herz.

Hähnchenschnitzel mit Krautsalat

Für 2 Portionen
Zubereitungszeit: ca. 30 Min.

ZUTATEN

Für den Salat
300 g Spitzkohl
1 Möhre
½ rotschaliger Apfel
2 Frühlingszwiebeln
25 g (vegane) Salatmayonnaise (50 % Fett)
50 g Joghurt oder Joghurtalternative
1–2 TL Apfelessig
½ TL Senf
Salz, Pfeffer

Für die Schnitzel
2 kleine Hähnchenbrustfilets (à ca. 120 g)
Salz, Pfeffer
2 EL Mehl
1 Ei (Größe M)
ca. 100 g Vollkornsemmelbrösel
ca. 50 ml Öl zum Braten

PRO PORTION

ca. 660 kcal, 43 g EW, 26 g F, 62 g KH

1. Für den Salat den Kohl putzen, waschen, trocken tupfen und in feinen Streifen vom Strunk schneiden oder hobeln. Möhre putzen, schälen und grob raspeln. Apfel waschen, entkernen und klein würfeln. Frühlingszwiebeln putzen, waschen und in schmale Ringe schneiden. Mayonnaise, Joghurt, Essig und Senf verrühren, mit Salz und Pfeffer würzen. Die vorbereiteten Zutaten und das Dressing mischen. Abgedeckt ziehen lassen, bis die Schnitzel fertig sind.

2. Für die Schnitzel Hähnchenfilets mithilfe eines schweren Topfes oder einer Pfanne zwischen Frischhaltefolie flach klopfen. Mit Salz und Pfeffer würzen. Das Mehl auf einen Teller geben. Das Ei in einem tiefen Teller verquirlen. Semmelbrösel in einen weiteren tiefen Teller geben. Die Schnitzel zuerst im Mehl wenden, dann durch das Ei ziehen und schließlich in Semmelbröseln wenden. Die Brösel gut andrücken.

3. Das Öl in einer weiten Pfanne erhitzen. Die Schnitzel darin auf jeder Seite in 4–5 Minuten goldbraun und knusprig backen. Auf Küchenpapier abtropfen lassen. Die Schnitzel mit dem Salat servieren.

BESSER GEFLÜGEL

Inzwischen wissen die meisten, dass tierische Erzeugnisse wie Fleisch und Milchprodukte eine schlechtere CO_2-Bilanz haben als pflanzliche Lebensmittel. Unter den Fleischsorten schneidet Geflügelfleisch jedoch sehr viel besser ab als beispielsweise Rindfleisch, dessen CO_2-Bilanz etwa viermal so hoch ist wie die von Geflügel. Bei der Produktion von Rindfleisch wird zudem etwa dreimal so viel Wasser verbraucht. Aber wenn es Hähnchenfleisch sein soll, dann bitte aus Bio-Haltung.

Pasta mit Pilz-Nuss-Bolognese

Für 2 Portionen
Zubereitungszeit: ca. 30 Min.

ZUTATEN
250 g braune Champignons
100 g Walnusskerne
2 EL Olivenöl
1 kleine Zwiebel
1 Knoblauchzehe
1 Möhre
2 Stangen Staudensellerie
1 EL Tomatenmark
1 TL getrockneter Oregano
1 Dose stückige Tomaten (400 g)
Salz, Pfeffer
Zucker
200 g Vollkornspaghetti

PRO PORTION
ca. 700 kcal, 25 g EW, 33 g F, 78 g KH

1. Die Pilze putzen, falls nötig, trocken abreiben und vierteln. Portionsweise im Blitzhacker zerkleinern. Die Nüsse ebenfalls im Blitzhacker zerkleinern. 1 EL Öl in einer weiten Pfanne erhitzen. Die Pilze darin unter Rühren bei starker Hitze ca. 5 Minuten anbraten. Die Nüsse dazugeben und kurz mitbraten. Beides herausnehmen und beiseitestellen.

2. Zwiebel und Knoblauch schälen und fein würfeln. Möhre putzen und schälen. Sellerie putzen, die Fäden abziehen und die Stangen waschen. Beides klein schneiden. 1 EL Öl in der Pfanne erhitzen und die Zwiebel darin andünsten. Knoblauch, Möhre und Sellerie dazugeben und unter Rühren 3–4 Minuten andünsten. Tomatenmark und Oregano unterrühren. Tomaten und 100 ml Wasser angießen. Alles aufkochen, mit Salz, Pfeffer und 1 Prise Zucker würzen und ca. 10 Minuten köcheln lassen. Dabei öfter umrühren.

3. Inzwischen die Nudeln in Salzwasser nach Packungsanweisung garen.

4. Pilze und Nüsse unter die Sauce heben, alles erneut ca. 5 Minuten köcheln lassen. Mit Salz und Pfeffer abschmecken. Die Nudeln abgießen, abtropfen lassen und mit der Sauce mischen. Nach Belieben mit Parmesan servieren. Die Sauce bleibt abgedeckt im Kühlschrank ca. 3 Tage frisch, eingefroren ca. 3 Monate. Es lohnt sich also, gleich die doppelte Menge zu kochen.

1:0 FÜR DIE DOSE

Tomaten aus der Dose verwendet wohl jeder für seine Bolognese so wie auch ich. Das ist auch völlig in Ordnung, denn laut einer Studie der Universität Gießen verursacht der Anbau von frischen Tomaten aus beheizten Gewächshäusern meist mehr als 100-mal so viel CO_2 wie der von Freilandtomaten aus der Region. Außerhalb der Saison sind Tomaten aus der Dose daher die bessere Wahl.

ÖLWECHSEL

In unserem Vorratsschrank finden sich verschiedene Öle für unterschiedliche Zwecke. Neben Oliven- und Leinöl verwenden wir auch Rapsöl, das reich ist an gesunden ungesättigten Fettsäuren, die wichtig für unsere Gesundheit sind. Zudem hat es eine gute Klimabilanz, da es aus der Region kommt. Für Salate und andere kalte Speisen eignet sich kalt gepresstes Rapsöl, das besonders nährstoffreich und aromatisch ist. Dieser Flammkuchen schmeckt auch sehr lecker mit Honig, etwas Chili und Ziegenkäse.

Rote-Bete-Flammkuchen

Für 2 Portionen
Zubereitungszeit: ca. 20 Min. (+ 20 Min. Backzeit)

ZUTATEN

Für den Teig
200 g Mehl
2 EL Rapsöl
½ TL Salz
60 ml Buttermilch
Mehl zum Ausrollen

Für den Belag
100 g Magerquark
50 g Crème fraîche
1 kleines Eigelb
Salz, Pfeffer, geriebene Muskatnuss
200 g gekochte Rote Bete (vakuumiert)
30 g Walnusskerne
ca. 1 TL getrockneter Thymian
25 g Feldsalat

PRO PORTION

ca. 710 kcal, 24 g EW, 31 g F, 84 g KH

1. Den Backofen samt Backblech auf 250 °C (225 °C Umluft) vorheizen. Das Mehl mit Öl, Salz, 50 ml Wasser und der Buttermilch in ca. 5 Minuten zu einem geschmeidigen Teig verkneten. Den Teig in Frischhaltefolie gewickelt ca. 5 Minuten ruhen lassen.

2. Inzwischen für den Belag Quark mit Crème fraîche, Eigelb, Salz, Pfeffer und etwas Muskatnuss glatt rühren. Rote Bete gut abtropfen lassen und in dünne Scheiben hobeln oder schneiden. Die Walnüsse grob hacken.

3. Den Teig halbieren und auf je einem bemehlten Stück Backpapier ca. 3 mm dünn oval ausrollen. Mit der Creme bestreichen und mit Thymian bestreuen. Mit jeweils der Hälfte der Rote-Bete-Scheiben belegen. Im heißen Ofen je ca. 10 Minuten backen. Mit den Nüssen bestreuen und weitere 2–3 Minuten backen.

4. In der Zwischenzeit den Feldsalat waschen und gut trocken schütteln. Den Flammkuchen mit Salat bestreuen und sofort servieren.

Haferflockiger Nuss-Crumble

Für 2 Portionen
Zubereitungszeit: ca. 15 Min. (+ 25 Min. Backzeit)

ZUTATEN

250 g Obst (z. B. Äpfel, Birnen, Rhabarber, Beeren, Pflaumen; frisch oder TK und gerne auch gemischt)
1 EL Zitronensaft
40 g Dinkel-Vollkornmehl
20 g feine Haferflocken
1 EL gehackte Haselnuss- oder Mandelkerne
½ TL Zimtpulver
Salz
20 g Zucker
40 g kalte Margarine
Fett für die Form

PRO PORTION

ca. 395 kcal, 6 g EW, 22 g F, 44 g KH

1. Den Backofen auf 200 °C (180 °C Umluft) vorheizen. Das Obst je nach Sorte waschen, putzen bzw. schälen, entsteinen und klein schneiden. Die Obststücke in einer gefetteten Auflaufform (ca. 18 x 24 cm) verteilen und mit Zitronensaft beträufeln.

2. Für die Streusel Mehl, Haferflocken, Nüsse, Zimt, 1 Prise Salz, Zucker sowie die Margarine in Stückchen in einen Mixer oder Blitzhacker geben und zu Streuseln verarbeiten (das dauert ca. 15 Minuten). Die Streusel auf dem Obst verteilen.

3. Den Crumble im heißen Ofen auf der mittleren Schiene ca. 25 Minuten backen. Dazu schmeckt Vanillequark, Schlagsahne oder Vanilleeis.

SÜSS GEHT AUCH GESUND

Ich bin ja ein kleines Schleckermaul und kann auf Süßes zum Nachtisch nicht gut verzichten. Aber mit diesem Crumble aus Vollkormehl, Haferflocken, Nüssen und Obst fühle ich mich auf der sicheren Seite. Denn die Zutaten liefern bei diesem Blitz-Streuselkuchen langsam verdauliche Kohlenhydrate und Ballaststoffe. Die lassen den Blutzuckerspiegel langsamer ansteigen als Süßspeisen und Kuchen aus weißem Mehl. Der Effekt: Wir fühlen uns länger satt und bekommen keinen Heißhunger.

Couscous Sweetheart

Für 2 Portionen
Zubereitungszeit: ca. 15 Min.

ZUTATEN

100 ml Milch oder Pflanzendrink
125 g Vollkorn-Couscous
½ Apfel
100 g Blaubeeren
1 TL Rapsöl
2 TL Honig (oder Agavendicksaft)
150 g Magerquark
1–2 TL Mineralwasser
mit Kohlensäure
1 TL Vanillezucker
Zimtpulver
2 TL Mandelblättchen

PRO PORTION

ca. 405 kcal, 20 g EW, 7 g F, 63 g KH

1. Milch und 200 ml Wasser in einem Topf aufkochen. Den Couscous einrühren, kurz aufkochen und vom Herd nehmen. Zugedeckt ca. 5 Minuten quellen lassen.

2. Inzwischen den Apfel waschen, vierteln, entkernen und klein schneiden. Beeren verlesen und waschen. Das Öl in einer kleinen Pfanne erhitzen. Apfelstücke und Beeren darin unter Rühren ca. 5 Minuten andünsten. 1 TL Honig dazugeben, untermischen und leicht karamellisieren lassen.

3. Den Quark mit dem Mineralwasser, Vanillezucker und übrigem Honig glatt rühren. Den Couscous mit einer Gabel auflockern und auf zwei Schälchen verteilen. Das Obst darauf verteilen und je einen Klecks Quark daraufgeben. Mit etwas Zimt bestäuben und mit Mandeln bestreut servieren. Wer mag, röstet die Mandeln vorher noch kurz in einer kleinen Pfanne ohne Fett an. Übrigen Quark extra dazu reichen.

DIE FARBE MACHT'S

Als Kinder gab es für uns nichts Schöneres, als im Sommer Blaubeeren zu sammeln und direkt in den Mund zu stopfen. So sahen wir dann auch aus. Hände und Mund waren blau. Das liegt an den sekundären Pflanzenstoffen, den Anthocyanen, wovon Blaubeeren reichlich haben und die entzündungshemmend wirken. Zudem enthalten sie viel Vitamin C. Die kleinen blauen Kugeln sind also sehr gesund und schmecken herrlich süß.

Rezeptregister nach Hauptzutaten

ZU DEN AUTOREN

Freude an einem gesunden Lebensstil, Leidenschaft fürs Kochen, der Wunsch, nachhaltig zu essen und die Umwelt zu schonen: Darauf setzen **Prof. Dr. Dietrich Grönemeyer** und seine Frau **Anja Grönemeyer** nicht nur in diesem Buch, sondern auch in ihrem alltäglichen Leben. Dass man dabei auch noch Geld sparen kann, ist ihnen für ihre Leserinnen und Leser ein besonderes Anliegen. Von der Auswahl der richtigen Lebensmittel über den Transport bis zur schonenden Zubereitung in der Küche und passenden einfachen Rezepten: Mit ihrer Formel „einfach - günstig - nachhaltig" decken sie alles ab, was zum gesunden Essen mit einer guten Klimabilanz gehört.

Besucht Prof. Grönemeyer auch im Internet:
www.dietrich-groenemeyer.com

BILDNACHWEIS

Shutterstock: 8, 9, 11, 12, 13, 14, 16, 17, 18, 19, 30, 32, 33, 34, 35, 37, 38

IMPRESSUM

Hinter jedem tollen Buch steckt ein starkes Team

Projektleitung: *Tom Mathony, Kathrin Ullerich*
Redaktionelle Mitarbeit: *Bettina Snowdon, Franziska Pfeiffer*
Rezeptentwicklung: *Inga Pfannebecker*
Lektorat: *Edelgard Prinz-Korte*
Covergestaltung: *ZERO Werbeagentur München*
Grafische Gestaltung und Satz: *Ina Zimmermann*
Foodfotografie: *Claudia Timmann*
Foodstyling: *Pedro Torres*
Illustrationen: *Shutterstock*
Herstellung: *Frank Jansen*
Producing: *Jan Russok*
Druck & Bindung: *optimal media GmbH, Röbel*

2. Auflage 2023

Kaiserstraße 14 b
D-80801 München
ISBN: 978-3-96584-360-8

HINWEIS

Die Ratschläge in diesem Buch wurden mit größter Sorgfalt von Autoren und Verlag erarbeitet und geprüft. Eine Garantie kann jedoch nicht übernommen werden. Ebenso ist eine Haftung der Autoren bzw. des Verlags und seiner Beauftragten für Personen-, Sach- oder Vermögensschäden ausgeschlossen. Erkrankungen mit ernstem Hintergrund gehören in ärztliche Behandlung! Bei bereits bestehenden Beschwerden kann das Buch daher keinen fachärztlichen Rat ersetzen.

LIEBE LESER, LIEBE LESERINNEN

wie schön, dass Sie ein Buch von ZS in den Händen halten. „jetzt leben!" ist das Motto unseres Verlages. Es steht für Genuss und Inspiration, Unterstützung und Motivation. Ob Kulinarik oder Fitness, Gesundheit oder Lebenshilfe – seit über 30 Jahren bieten wir kompetente Ratgeber für (fast) alle Lebenslagen. Wir lieben Tradition genauso wie Innovation – sie treiben uns an. Unsere Autorinnen und Autoren sind Menschen, die zu ihrem Thema wirklich etwas zu sagen und zu schreiben haben. Unsere Produkte sind erzählerisch, appetitmachend und als gedruckte Bücher haptisch echte Erlebnisse. Für Sie mit ganz viel Liebe gemacht! Entdecken Sie mehr aus unserer wunderbaren Welt!

UNSER VERLAGSHAUS

Mit Standorten in Hamburg und München zählt die Edel Verlagsgruppe zu den größten unabhängigen Buchanbietern Deutschlands. Zur Edel Verlagsgruppe gehört unter anderem ZS mit seinen Lizenzmarken Dr. Oetker Verlag, Kochen & Genießen und Phaidon by ZS.

ZS - Ein Verlag der Edel Verlagsgruppe
www.zsverlag.de
www.facebook.com/zsverlag
www.instagram.com/zsverlag

FÜR DIE UMWELT

ZS unterstützt bei der Produktion dieses Buches das Projekt „Junge Riesen für die nächsten 100 Jahre" im Naturpark Nossentiner/Schwinzer Heide. Damit wird ein Anteil der unvermeidbaren CO_2-Emissionen im direkten Umfeld des Produktionsstandortes kompensiert.

PARTNER
Naturpark
Nossentiner/Schwinzer Heide
www.optimal-media.com/naturschutzprojekt-001

NEWSLETTER

Was koche ich heute Feines? Und wie geht das – schmackhaft und gesund?

Melden Sie sich jetzt zum ZS-Genuss-Service an und verpassen Sie keine kulinarischen und gesundheitlichen Trends mehr.
Wir informieren Sie regelmäßig über unsere Neuerscheinungen, Aktionen oder Gewinnspiele und verraten Ihnen unsere Lieblingsrezepte!

GEWINNEN

Unter allen Neuabonnierenden verlosen wir jeden Monat eine *ZS-Genuss-Box* im Wert von 75,00 €.

Jetzt anmelden unter:
www.zsverlag.de/newsletter

oder den QR Code scannen:

ANMELDEN!